Tim Gutsch

C000282252

Das pädagogische Konzept der bewegten Schule

Modifikation für Berufsschule und Betrieb einschließ

Tim Gutsch

Das pädagogische Konzept der bewegten Schule

Modifikation für Berufsschule und Betrieb einschließlich der Entwicklung von Leitfäden

GRIN Verlag

Bibliografische Information der Deutschen Nationalbibliothek: Die Deutsche Bibliothek verzeichnet diese Publikation in der Deutschen Nationalbibliografie; detaillierte bibliografische Daten sind im Internet über http://dnb.d-nb.de/ abrufbar.

1. Auflage 2010
Copyright © 2010 GRIN Verlag GmbH
http://www.grin.com
Druck und Bindung: Books on Demand GmbH, Norderstedt Germany
ISBN 978-3-656-09666-5

Universität Leipzig
Sportwissenschaftliche Fakultät
Institut für Sportpsychologie und Sportpädagogik
Fachgebiet Schulsport

Diplomarbeit

Das pädagogische Konzept der bewegten Schule – Modifikation für Berufsschule und Betrieb einschließlich der Entwicklung von Leitfäden

vorgelegt von

Herrn Tim Gutsch

Tag der Einreichung: 05.01.2010

Leipzig 2009

Inhaltsverzeichnis

Abbildungsverzeichnis

Tabellenverzeichnis

Anhänge

1 Einleitung

„Einen gesunden Lebensstil ohne ausreichende Bewegung gibt es nicht. Mehr Bewegung ist der Schlüssel für mehr Lebensqualität - in jedem Alter."

(Ulla Schmidt, 2007)

Diese Aussage der damaligen Bundesgesundheitsministerin ist Ausdruck der grundlegenden Erkenntnis, dass der menschliche Körper auf Grund seiner evolutionsbedingten Konstitution dafür geschaffen ist, sich viel zu bewegen. Er braucht diese Bewegung, und wenn er sie nicht bekommt, neigt er dazu, krank zu werden. Übergewicht, Diabetes, Herz-Kreislauf-Erkrankungen, chronische Rückenbeschwerden – dies alles sind zivilisationsbegleitende Krankheiten, die neben einer unausgewogenen Ernährung vor allem Bewegungsmangel als Ursache haben.

Um diesen Gefahren entgegenzusteuern, rief das Bundesministerium für Gesundheit im Juni 2008 den nationalen Aktionsplan IN FORM ins Leben, „Deutschlands Initiative für gesunde Ernährung und mehr Bewegung". Mit seiner Hilfe soll erreicht werden, „dass Kinder gesünder aufwachsen, Erwachsene gesünder leben und dass alle von einer höheren Lebensqualität und einer gesteigerten Leistungsfähigkeit profitieren" (Bundesministerium für Gesundheit, 2008, S. 14).

Ein pädagogisches Konzept, das schon lange vorher existierte und sich ideal für die Realisierung dieser Ziele der Bundesregierung eignet, ist das *Konzept der bewegten Schule* der Universität Leipzig. Anliegen dieses Konzeptes ist es, Schulen bewegungsfreundlicher und das Lernen sowie das Schulleben der Schüler bewegter zu gestalten. Während das Konzept im Grundschulbereich bereits erfolgreich erprobt und ausgeformt ist, befassen sich die aktuellen Forschungsarbeiten der Universität Leipzig und der TU Dresden damit, das Konzept auf weiterführende Schulen zu übertragen.

Gilt die Aufmerksamkeit dort bisher vornehmlich den Mittelschulen und Gymnasien, liegt der erste Schwerpunkt der vorliegenden Arbeit auf der Betrachtung der berufsbildenden Schulen. Als Ausgangspunkt dient dabei das Konzept der *bewegten Berufsschule* nach See (2007), der das bestehende Konzept der *bewegten Schule* nach Müller (2006) auf die veränderten Rahmenbedingungen berufsbildender Schulen angepasst hat.

Es zeigt sich, dass die Situation des Sports an berufsbildenden Schulen unter besonderen Mängeln bezüglich Lehrplangestaltung, Ausstattung mit Sportstätten usw. leidet, was insgesamt Ausdruck

1

einer geringen Wertschätzung des Faches Sport ist. Ein Grund hierfür sind die Zweifel der Unternehmen am wirtschaftlichen Nutzen des Sportunterrichts. Sport und Bewegung sei „Aufgabe der Vereine" (Lutter, zitiert in Klausien, 2008, S. 20) und solle die arbeitsrelevanten Inhalte der Berufsschule nicht verdrängen. Diese Auffassung korrespondiert mit dem im europäischen Vergleich geringen Ansehen, den das eigene Gesundheitsmanagement in den deutschen Betrieben bei den Verantwortlichen genießt. Die diesbezüglichen Umfrageergebnisse im Jahre 2008 veranlassten die Gesundheitsmanagementexperten von Skolamed, Deutschland in diesem Bereich als „Entwicklungsland" einzustufen. (Skolamed GmbH, 2008, S. 1).

An dieser Stelle setzt der zweite Schwerpunkt der vorliegenden Arbeit an, denn natürlich muss genügend Bewegung auch über die Schulzeit hinaus in allen Lebensbereichen fest verankert werden. Besondere Bedeutung kommt in diesem Zusammenhang dem Bereich der Arbeitswelt zu, denn dort verbringen Erwachsene einen Großteil ihrer Lebenszeit (Bundesministerium für Gesundheit, 2009). Durch die Anpassung an die Belange der Betriebe wird das Potential, das im ganzheitlichen *Konzept der bewegten Schule* steckt, über die berufsbildenden Schulen hinaus als *Konzept des bewegten Betriebes* auch für den Arbeitsalltag nutzbar gemacht.

Dabei besteht Grund zu der Hoffnung, dass sich die *bewegte Berufsschule* und der *bewegte Betrieb* gegenseitig stützen, indem

- die Berufsschüler ihre positiven Erfahrungen aus der Schule in den Betrieb übertragen
- die Betriebe ihre Vorbehalte gegenüber dem Sportunterricht an berufsbildenden Schulen aufgeben

Die auffallende Diskrepanz zwischen der theoretischen Erkenntnis über die große Bedeutung von Sport und Bewegung einerseits und ihrem geringen Stellenwert in der Praxis der Berufsschulen und Betriebe andererseits deutet auf ein massives Vermittlungsdefizit hin. Die große Herausforderung besteht also darin, alle Beteiligten, von den Verantwortlichen für den Sportstättenbau und die Lehrplangestaltung über das Lehrpersonal bis hin zum 15jährigen Berufsschüler und seinem betrieblichen Betreuer im dualen Ausbildungssystem vom Sinn und Nutzen von Sport und Bewegung in Berufsschule und Betrieb zu überzeugen.

Bei dieser Überzeugungsarbeit können die *Konzepte der bewegten Berufsschule* und des *bewegten Betriebes* mit ihrem ganzheitlichen Ansatz einen wertvollen Beitrag leisten. Es gibt sowohl für die

Berufsschule als auch für die Betriebe neben einer Reihe weiterer Argumente jeweils einen spezifischen gewichtigen Grund für ihre Realisierung:

- Die *bewegte Berufsschule* leistet einen entscheidenden Beitrag bei der Vermittlung der beruflichen Handlungskompetenz, die ein zentrales Bildungsziel der Berufsschule darstellt.

- Der *bewegte Betrieb* hilft auf vielfältige Weise, die Fehlzeiten zu reduzieren und somit den wirtschaftlichen Erfolg der Unternehmen zu erhöhen.

Der Frage, wie es gelingen kann, die vielfältigen und ohne Zweifel überzeugenden Gründe für die praktische Umsetzung der *Konzepte der bewegten Berufsschule* und des *bewegten Betriebes* möglichst vielen Beteiligten nahezubringen, widmet sich der dritte Schwerpunkt der vorliegenden Arbeit. Zu diesem Zweck werden für die Berufsschule und für den Betrieb jeweils zwei Leitfäden entwickelt, die die beiden Konzepte argumentativ legitimieren und Anregungen zu ihrer praktischen Realisierung liefern (siehe Abbildung 1). Dabei fiel die Wahl auf die Verwendung von Leitfäden, weil sie optisch ansprechend, übersichtlich, kompakt, informativ und kostengünstig im Druck sind, wodurch sie sich besonders eignen, um in größerer Anzahl vervielfältigt und in Berufsschule und Betrieb eingeführt zu werden.

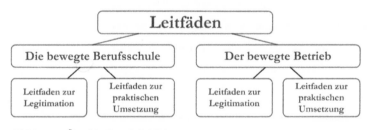

Abbildung 1 – Übersicht über die Leitfäden

Die einzelnen Leitfäden haben unterschiedliche Adressatengruppen, richten sich aber insgesamt an alle internen und externen Beteiligten in Berufsschule und Betrieb. Dabei ist es das erklärte Ziel, diese Personengruppen von den *Konzepten der bewegten Berufsschule* und dem *bewegten Betrieb* zu überzeugen und auf diese Weise einen Beitrag für mehr Bewegung und Sport im schulischen und beruflichen Alltag zu leisten.

2 Das Konzept der bewegten Schule – Modifikation für Berufsschule und Betrieb

„Das rationellste Mittel zur Bekämpfung der Haltungsschäden der Schüler wäre offensichtlich, ihre Arbeit zu ändern, so dass sie nicht mehr gezwungen wären, mehrere Stunden am Tag in einer schädlichen Haltung zu bleiben."

(Montessori 1911, zitiert in Greier, 2007, S. 40)

Diese vor knapp 100 Jahren von Maria Montessori geäußerte Kritik an der „Stillsitzschule" und der daraus resultierende Gedanke, Schulen bewegt zu gestalten, ist noch immer Gegenstand gegenwärtiger pädagogischer Diskussionen, unter anderem in der Sportwissenschaft. Im Vordergrund steht dabei die Frage, wie die durch Bewegungsmangel entstandenen Risiken vermindert und die vielfältigen Chancen durch mehr Bewegung in Schulen realisiert werden können. Eine Antwort hierauf gibt das *Konzept der bewegten Schule*, das seit Mitte der 90er Jahre *„das* Thema sportpädagogischen Denkens und Handelns ist" (Regensburger Projektgruppe, 2001, S. 12). Wenn die verschiedenen Ansätze und Beiträge zu diesem Thema auch im Detail voneinander abweichen, verfolgen sie alle das gemeinsame Ziel, „mehr Bewegung in die Schule zu bringen, die Schule als Bewegungsraum in den Blick zu nehmen und das gesamte Schulleben bewegter zu gestalten" (Regensburger Projektgruppe, 2001, S. 12).

War die Verwirklichung dieses Zieles bislang nur für allgemeinbildende Schulen angedacht, sollen im Folgenden Möglichkeiten aufgezeigt werden, wie das Konzept durch Modifikationen an berufsbildenden Schulen und darüber hinaus an Betrieben realisierbar ist.

2.1 Das Konzept der bewegten Schule an allgemeinbildenden Schulen

Grundlage dieser Arbeit bildet das *pädagogische Konzept der bewegten Schule* nach Müller & Petzold (2006). Ausgehend von der Erkenntnis, dass „Bewegung für die umfassende Entwicklung von Kindern und Jugendlichen von sehr großer Bedeutung ist" (Müller & Petzold 2006, S. 23), verfolgt dieses Konzept das Ziel, Schulen bewegungsfreundlicher und das Lernen sowie das Schulleben der Schüler bewegter zu gestalten. Basierend auf der Annahme, dass Bewegungen erlernt werden müssen (Grupe & Mieth, 1998, S.67), ergibt sich die Notwendigkeit der Erziehung zur Bewegung, in der die Heranwachsenden lernen sollen, „die Welt über Bewegung zu erfahren und zu gestalten" (Müller & Petzold, 2006, S. 14). Bewegungserziehung ist somit unter anderem eine wichtige Aufgabe der Schule.

Das Modell der *bewegten Schule* nach Müller und Petzold lässt sich nach inhaltlich-organisatorischen Gesichtspunkten in die drei Bereiche *bewegter Unterricht, bewegte Pause* und *bewegtes Schulleben* untergliedern, welche miteinander in Verbindung stehen und einen wechselseitigen Bezug zur *bewegten Freizeit* aufweisen (siehe Abbildung 2). Im *bewegten Unterricht* finden eine Entwicklungsförderung und eine Lernunterstützung durch bewegungs-orientierte Erfahrungsmöglichkeiten statt, die durch spielerische Bewegungsaktivitäten in der *bewegten Pause* und das Gestalten und Erleben von Bewegungssituationen im *bewegten Schulleben* ergänzt werden. Fundament des Modells und somit Grundlage für eine *bewegte Schule* ist ein qualitativ hochwertiger *Schulsport*, der durch fachlich qualifizierte Pädagogen in möglichst drei Einzelstunden pro Woche erteilt werden soll (Müller & Petzold, 2006, S. 34).

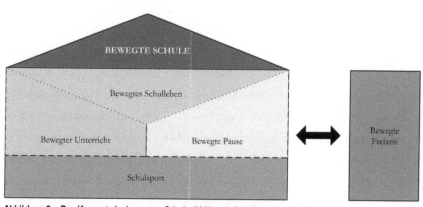

Abbildung 2 – Das Konzept der bewegten Schule (Müller & Petzold, 2006, S. 33)

Ein Schwerpunkt des sächsischen Modells der *bewegten Schule* ist, dass es „explizit ein Gegenüber von Bewegungserziehung und Schulsport begründet" (Laging, 2006, S. 7). Bewegungserziehung und Sportunterricht müssen dabei ein „sinnvolles Miteinander bei durchaus Eigenständigkeit in den Zielen, Inhalten und Methoden bilden" (Müller & Petzold, 2006, S. 34) und dürfen nicht konkurrieren. So können einerseits die Inhalte der Bewegungserziehung den Sportunterricht ergänzen und erweitern und andererseits der Sportunterricht vielfältige Impulse für die einzelnen Bereiche der Bewegungserziehung liefern. Eine gesonderte Stellung nimmt das bewegte

Schulleben ein, da es Aktivitäten der Bewegungserziehung und des Schulsports integriert (siehe Abbildung 3).

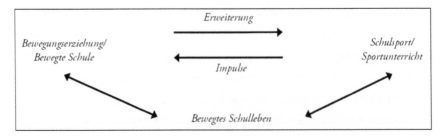

Abbildung 3 – Beziehung zwischen Bewegungserziehung und Schulsport (Müller & Petzold, 2006, S. 34)

Während das *pädagogische Konzept der bewegten Schule* für den Grundschulbereich bereits entwickelt und erprobt ist und sich nachweislich positiv auf die Entwicklung der Kinder auswirkt (vgl. Müller, 2003), befassen sich die aktuellen Forschungsarbeiten der Universität Leipzig und der TU Dresden damit, das Konzept in Mittelschulen und Gymnasien einzuführen und dauerhaft zu etablieren. Anlass der Ausweitung des Konzeptes über die Grundschulen hinaus war die Überlegung, dass die vielfältigen Gründe und Argumente für mehr Bewegung selbstverständlich auch in weiterführenden Schulen Gültigkeit haben. Dabei wurde allerdings mit den allgemeinbildenden Schulen bislang lediglich ein Teil der weiterführenden Schulen in Betracht gezogen. Dem Bereich der berufsbildenden Schulen wurde in diesem Zusammenhang wenig Beachtung geschenkt, obgleich der Gedanke, mehr Bewegungsaktivitäten in die Berufsschule zu integrieren, nicht weniger überzeugend erscheint. Diese Ausweitung des *Konzeptes der bewegten Schule* auf den berufsbildenden Bereich wird im Folgenden vorgenommen.

2.2 Das Konzept der bewegten Schule an berufsbildenden Schulen

2.2.1 Grundlagen

Vergleicht man die Anzahl der Schüler allgemeinbildender Bildungsgänge mit denen der beruflichen Bildungsgänge, so wird deutlich, dass den berufsbildenden Schulen in der Altersgruppe vom 16. bis zum 25. Lebensjahr zahlenmäßig eine wesentliche Bedeutung zukommt (siehe Tabelle 1). Daraus ergibt sich, dass eine Ausweitung des *Konzeptes der bewegten Schule* auf den Bereich der berufsbildenden Schulen bei einer Zielgruppe von gut 2,4 Millionen Schülern mit einem enormen Potential verbunden ist.

Tabelle 1 – Bildungsteilnehmer nach Altersgruppen 2005/2006
(Autorengruppe Bildungsberichterstattung 2008, S. 230)

Altersgruppe	Allgemeinbildende Bildungsgänge	Berufliche Bildungsgänge
10 – 15 Jahre	5.022.144	38.886
16 – 18 Jahre	1.610.479	1.045.175
19 – 24 Jahre	380.013	1.302.257
25 – 29 Jahre	19.873	54.857

Will man dieses Potential ausschöpfen, muss das bestehende *Konzept der bewegten Schule* modifiziert und auf die Besonderheiten der berufsbildenden Schulen angepasst werden. Hierzu ist zunächst eine Analyse der institutionellen Rahmenbedingungen berufsbildender Schulen erforderlich, die sich insbesondere durch die im Vergleich zum allgemeinbildenden Schulsystem große Heterogenität der Organisationsstrukturen auszeichnen.

Grundsätzlich ist der Aufbau der berufsbildenden Schulen durch die Aufteilung in drei Sektoren gekennzeichnet, die sich nach Bildungsziel und rechtlichem Status der Schülerinnen und Schüler unterscheiden. Im *dualen System* und im *Schulberufssystem* werden hauptsächlich Bildungsgänge durchgeführt, die einen qualifizierenden beruflichen Abschluss vermitteln. Dem *Übergangssystem* hingegen werden Maßnahmen außerschulischer Träger und schulische Bildungsgänge zugeordnet, die keinen qualifizierenden Berufsabschluss anbieten. Hierzu gehören unter anderem teilqualifizierende Angebote, die auf eine anschließende Ausbildung als erstes Jahr angerechnet werden können oder Voraussetzung zur Aufnahme einer vollqualifizierenden Ausbildung sind (Autorengruppe Bildungsberichterstattung, 2008, S. 99). Abbildung 4 liefert einen Überblick über die Verteilung der Schüler auf die drei Sektoren berufsbildender Schulen im Jahr 2006.

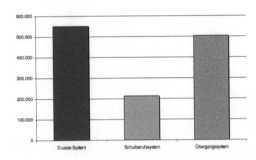

Abbildung 4 – Verteilung der Neuzugänge auf die drei Sektoren des beruflichen Ausbildungssystems 2006 (Autorengruppe Bildungsberichterstattung, 2008, S. 275)

Ein wesentlicher Aspekt für die Modifikation des *Konzeptes der bewegten Schule* für die berufsbildenden Schulen ist die Unterscheidung zwischen vollzeitschulischer und teilzeitschulischer Berufsausbildung. Während die Schulen des *Schulberufssystems* und des *Übergangssystems* das ganze Schuljahr über täglich besucht werden und somit eine große organisatorische Ähnlichkeit zu allgemeinbildenden Schulen aufweisen, findet der Unterricht im *dualen System* berufsbegleitend und daher lediglich ein- bis zweimal pro Woche oder in Form eines mehrwöchigen Blocks statt. Ergänzt wird dieser theoretische Teil der dualen Berufsausbildung durch den praktischen Teil, der im Betrieb, also außerhalb der Institution Schule erfolgt. Charakteristisch für die duale Berufsausbildung ist demnach die partnerschaftliche Verteilung der theoretischen und praktischen Berufsausbildungsaufträge auf eine staatlich getragene Berufsschule einerseits und einen privatwirtschaftlich organisierten Betrieb andererseits. Dem Lernort Betrieb kann und muss dabei die tragende Rolle beigemessen werden, da auf ihn etwa drei Viertel der Ausbildungszeit entfallen (Greinert zitiert in Klausien, 2008, S.12).

Abbildung 4 zeigt, dass der Sektor der dualen Berufsausbildung im Jahr 2006 mit einer Anzahl von über 550.000 Schülern die meisten zu verzeichnen hat. Dass die Schüler der dualen Berufsausbildung einen Großteil ihrer schulfreien Zeit im Betrieb verbringen, sah See (2007) als Hauptanlass, das bestehende *Konzept der bewegten Schule* dementsprechend abzuwandeln.

2.2.2 Das Konzept der bewegten Berufsschule

In Anlehnung an das *Konzept der bewegten Schule* nach Müller & Petzold (2006), das sich ausschließlich auf allgemeinbildende Schulen bezieht, hat See (2007) eine Modifikation des Konzeptes vorgestellt, die auf die speziellen Bedingungen der berufsbildenden Schulen eingeht. Er nennt es das *Konzept der bewegten Berufsschule*, betrachtet aber über die Berufsschule im engeren Sinne hinaus alle Formen der berufsbildenden Schulen. Dabei werden neben der vollzeitschulischen Ausbildung auch die Besonderheiten der dualen Berufsausbildung berücksichtigt, indem er die betriebliche Seite der dualen Berufsausbildung in sein Modell integriert. See liefert die Erkenntnis, dass die einzelnen Bereiche der *bewegten Schule* um den Bereich der *bewegten Arbeitszeit* ergänzt werden müssen, wenn das Konzept erfolgreich auf berufsbildende Schulen übertragen werden soll (siehe Abbildung 5). Seine Modifikation wird somit sowohl den vollzeitschulischen Sektoren des Schulberufssystems und des Übergangssystems als auch dem teilzeitschulischen Sektor des dualen Systems gerecht.

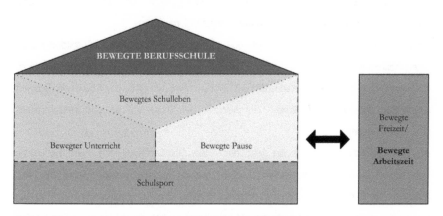

Abbildung 5 – Das Konzept der bewegten Berufsschule nach See (2007, S. 61)

Die nähere Betrachtung und Ausgestaltung der einzelnen Teilbereiche der *bewegten Berufsschule* erfolgt im Zusammenhang mit der Erstellung des *Leitfadens zur praktischen Umsetzung des Konzeptes der bewegten Berufsschule* in Kapitel 4.2.

2.2.3 Die aktuelle Situation von Sport und Bewegung in berufsbildenden Schulen

Das Fundament des *Konzeptes der bewegten Schule* besteht sowohl in den allgemeinbildenden als auch in den berufsbildenden Schulen aus einem qualitativ hochwertigen und umfangreichen Schulsport. Betrachtet man die Situation von Sport und Bewegung in berufsbildenden Schulen, muss daher in erster Linie der Schulsport in den Fokus gerückt werden.

<u>Der Lehrplan</u>

Die gegenwärtig gültigen Rahmenpläne des Faches Sport an berufsbildenden Schulen der verschiedenen Länder sind *inhaltlich* weitestgehend modernisiert und berücksichtigen die aktuelle didaktische und bildungspolitische Diskussion (Kultusministerkonferenz, 2004, S. 2). Die neuesten Pläne reflektieren somit deutlicher als bisher die Situation der Berufsschüler, indem die beruflichen Beanspruchungen und Belastungen fast durchgehend im Sportunterricht thematisiert und die Möglichkeiten der Gesundheitsförderung durch sportliche Aktivitäten betont werden. Dies führt teilweise sogar dazu, dass die Benennung des Faches Sport um den Zusatz „Gesundheitsförderung" ergänzt wird (Kultusministerkonferenz, 2004, S. 2).

Aufgrund der oben genannten Heterogenität der berufsbezogenen Ausbildungsgänge unterscheiden sich deren Rahmenpläne bezogen auf die *Anzahl an Sportstunden* stark voneinander. Um ein aussagekräftiges Bild des Sportstundenumfangs an berufsbildenden Schulen darzustellen, muss an dieser Stelle erneut zwischen beruflichen Vollzeit- und Teilzeitschulen differenziert werden.

An den *beruflichen Vollzeitschulen* wird dem Fach Sport offiziell eine hohe Bedeutung beigemessen. So wird es beispielsweise im Lehrplan des Saarlandes als „integraler Bestandteil einer ganzheitlichen Bildung und Erziehung" gesehen, der dabei einen „unaustauschbaren Beitrag zum Leitziel der allgemeinen und beruflichen Bildung leistet, indem die Schülerinnen und Schüler Handlungskompetenz für Sport, im Sport und durch Sport erwerben" (Lehrplan Sport berufliche Vollzeitschulen Saarland, 2003, S. 2). In den beruflichen Vollzeitschulen erfährt der Sportunterricht daher „regelmäßige Berücksichtigung" (Kultusministerkonferenz, 2004, S. 2) und ist mit meist zwei Wochenstunden zwar unter der von Müller & Petzold (2006) geforderten Anzahl von drei Wochenstunden, aber – zumindest formal – fester Bestandteil des Lehrplans.

Die Situation an den *beruflichen Teilzeitschulen* stellt sich weitaus schwieriger dar, da hier lediglich ein Viertel der Ausbildungszeit, also ca. anderthalb Tage pro Woche, auf den schulischen Teil entfällt. Das Fach Sport ist in Teilzeitschulen mit einem Umfang von einer Wochenstunde in der Regel zwar ebenfalls vorhanden, steht aber oftmals in Konkurrenz zu anderen allgemeinbildenden Fächern des Wahlpflichtbereichs, ist im Vergleich zum Sportunterricht der Vollzeitschulen sehr umstritten und wird somit nicht umsonst auch als „Stiefkind des Schulsports" (Witzel, 1984) bezeichnet

Erfüllung des Stundensolls

Hinzu kommt, dass das ohnehin knapp bemessene Stundensoll des Sportunterrichts berufsbildender Schulen, insbesondere der Berufsschulen des dualen Systems, häufig nur unzureichend erfüllt wird. Untersuchungen zeigen, dass zwischen theoretischem Stundensoll auf der einen und tatsächlichen Unterrichtsstunden auf der anderen Seite eine hohe Diskrepanz besteht. Exemplarisch sei hier eine Studie über den Sportunterricht an beruflichen Schulen Nordhessens erwähnt, in der über 1000 Klassen beruflicher Teilzeit- und Vollzeitschulen auf die Erfüllung des Stundensolls untersucht wurden. Die Ergebnisse zeigen, dass in beruflichen Vollzeitschulen lediglich 76 Prozent der untersuchten Klassen den in der Stundentafel vorgesehenen Unterricht erhalten, während 93 Prozent (!) der Teilzeitschulklassen komplett auf den Sportunterricht verzichten müssen (Müller, 2002, S. 3 - 13).

Dieses Problem wird auch vom Deutschen Sportbund aufgegriffen, der in seinem Bericht zur Situation des Sportunterrichts in Deutschland (SPRINT Studie, 2005) unter anderem folgende Gründe für die Nichterfüllung des Stundensolls darstellt:

Tabelle 2 – Probleme bei der Erfüllung des Stundensolls in Prozent (Deutscher Sportbund 2005, S. 48)

	GS	HS	RS	GY	IG	BS
Zu wenige geeignete Sportstätten	13,7	15,4	20,0	19,7	21,4	**20,4**
Zu wenige Sportlehrer	12,3	15,8	15,1	13,4	13,3	**19,2**
Erkrankungen führen zu Unterrichtsausfall	6,8	9,3	9,1	4,3	1,3	**8,0**
Sportstunden zum Ausgleich von Unterrichtsausfall anderer Fächer	2,8	3,6	3,9	7,6	7,1	**20,6**

Die Ergebnisse zeigen die Hauptgründe für Schwierigkeiten im Hinblick auf die Erfüllung des Stundensolls beim Sportunterricht in den verschiedenen Schulformen. Auf die Frage, wo diesbezüglich die größten Probleme der Berufsschulen bestehen, benannten 20,4 Prozent der Schulsportbeauftragen einen Mangel an geeigneten Sportstätten und 19,2 Prozent einen Mangel an Sportlehrern. Dass Sportstunden häufig zum Ausgleich vom Unterrichtsausfall anderer Fächer

11

zweckentfremdet werden und nicht gesicherter Bestandteil des Curriculums sind, wurde mit 20,6 Prozent als häufigster Grund für die Nichterfüllung des Stundensolls an Berufsschulen genannt. Dies alles kann im Wesentlichen auf den geringen Stellenwert des Fachs Sport zurückgeführt werden, der im eklatanten Widerspruch zu der Bewertung in dem oben genannten Lehrplan des Saarlandes steht.

Mangel an geeigneten Sportstätten

Obwohl die grundlegende Bedeutung von Sportstätten für die Ausübung des Schulsports evident erscheint, wurde in der vom Deutschen Sportbund durchgeführten SPRINT-Studie festgestellt, dass Berufsschulen insgesamt nur unzureichend mit Sportstätten ausgestattet sind. Auffallend ist dabei, dass Berufsschulen bei der Nutzung von nicht überdachten Sportstätten unter dem Durchschnitt aller Schulformen liegen (Deutscher Sportbund 2005, S. 67). Anders stellt sich die Situation bei der Nutzung von Gymnastik- und Fitnessräumen dar. Über 22 Prozent aller Berufsschulen sind mit Gymnastikräumen und gut ein Drittel mit Fitnessräumen ausgestattet, was dem höchsten Wert aller Schularten entspricht und bezogen auf die gesundheitlich orientierte Zielsetzung der Rahmenpläne in Berufsschulen überaus sinnvoll ist. Unverständlich ist dagegen, dass 46 Prozent aller Berufsschulen nicht über Sportstätten für den Schwimmunterricht verfügen. Es könnte daher gut möglich sein, dass einige Schüler während ihrer gesamten Berufsschulzeit keine einzige Unterrichtsstunde im Schwimmen erhalten.

Die am häufigsten genutzten Sportstätten der Berufsschulen sind Dreifachhallen, von denen sich gut 44 Prozent nicht auf dem Schulgelände befinden, was bedeutet, dass in vielen Fällen auf Sportstätten angrenzender Schulen ausgewichen werden muss. Dies hat wiederum Zeitverluste zur Folge, die ebenfalls dazu führen, dass das ohnehin knapp bemessene Stundensoll des Sportunterrichts an Berufsschulen nicht eingehalten werden kann.

Tabelle 3 – Ort der am häufigsten genutzten Sportstätte in Prozent (Deutscher Sportbund, 2005, S. 57)

	GS	HS	RS	GY	IG	BS
Auf dem Schulgelände	74,4	78,1	85	80,5	84	**55,7**
Im Umkreis von 1 km	22,2	19	12,1	16,9	12	**34,2**
Im Umkreis von 3km	2,3	1,3	1,9	2,1	4	**8,9**
Im Umkreis von 10 km	1,2	1,6	0,9	0,5	0	**1,3**

Trotz des überdurchschnittlichen Vorhandenseins von Gymnastik- und Fitnessräumen bleibt festzuhalten, dass die Verantwortlichen zu einem Umdenken und der damit verbundenen Einsicht geführt werden müssen, Sportstätten als festen Bestandteil der Schulentwicklung zu sehen. Eine Behebung des Sportstättenmangels würde den zeitlichen Umfang und die Wirksamkeit des Schulsports verbessern und zu einer positiveren Einstellung der Schüler führen.

Mangel an qualifiziertem Lehrpersonal

Da die Qualität des Schulsports in hohem Maße von der Qualifikation der Lehrkräfte abhängt, ist diese ein entscheidender Faktor für den Aufbau eines sportlichen Klimas an der Schule. Die Situation der Sportlehrkräfte ist in allen Sektoren der berufsbildenden Schulen bedenklich. Laut der SPRINT-Studie des Deutschen Sportbundes sind an Berufsschulen in über 19 Prozent fehlende Sportlehrkräfte Ursache für die Nichterfüllung des Stundensolls. Dieser Wert liegt mit Abstand über dem aller anderen Schulformen und spiegelt unter anderem die Ausbildungssituation der Lehrkräfte berufsbildender Schulen wider. War hierfür zum Zeitpunkt der vom Deutschen Sportbund durchgeführten Umfrage hauptsächlich die mangelnde Attraktivität des Lehrerberufs aufgrund der schlechten Reputation berufsbildender Schulen verantwortlich, werden zukünftig diesbezüglich noch erheblich größere Probleme auf die berufsbildenden Schulen zukommen:

Durch die Umstellung von Diplom- auf Bachelor- und Masterstudiengänge befinden sich die Lehramtsstudiengänge, die zum Unterrichten an berufsbildenden Schulen qualifizieren[1], in einem unübersichtlichen Umbruchprozess, der die Qualität der Ausbildung maßgeblich beeinflusst. Fest vorgeschriebene Stundenpläne und begrenzte Wahlmöglichkeiten führen dazu, dass an den Universitäten bisher anerkannte nicht-wirtschaftliche Wahlpflichtfächer wie Sport entweder gar nicht mehr, oder in stark reduziertem Ausmaß gelehrt werden. Die langfristigen Folgen dieses Problems sind offensichtlich: Nicht genügend und schlechter ausgebildete Lehrkräfte im Wahlpflichtfach Sport bewirken mehr Unterrichtsausfälle und didaktisch-methodisch weniger guten Sportunterricht. Ziel muss es also sein, die Lücke zwischen Sportlehrerangebot und -bedarf zu schließen und die angehenden Lehrer qualitativ hochwertig auszubilden.

---

[1] so auch der Diplomstudiengang Wirtschaftspädagogik an der Universität Leipzig

Geringer Stellenwert des Faches Sport in der Berufsausbildung

Das Fach Sport wurde 1969 in die Stundentafeln der berufsbildenden Schulen aufgenommen und hat insbesondere an den beruflichen Teilzeitschulen seit jeher mit Kritik zu kämpfen, die in ihrer Stärke über alle Schularten hinweg einzigartig ist. Ausgangspunkt für diese Kritik ist der Zweifel der Unternehmen und ihrer Interessenvertreter an dem wirtschaftlichen Nutzen des Sportunterrichts. Sport und Bewegung sei „Aufgabe der Vereine" (Lutter, zitiert in Klausien, 2008, S. 20) und solle die arbeitsrelevanten Inhalte der Berufsschule nicht verdrängen, so die Vertreter der Wirtschaft. Pädagogen und Sportwissenschaftler stehen diesem Standpunkt äußerst kritisch gegenüber, indem sie zu Recht argumentieren, dass der Sportunterricht als ein unverzichtbarer Teil des dualen Systems zu sehen ist, der für eine ganzheitliche Entwicklung sowie für die Gesundheit und das Lernen der Schüler von großer Bedeutung ist. Darüber hinaus sehen sie die berufsschulische Ausbildung als letzte Möglichkeit, Jugendliche und junge Erwachsene für den Sport zu begeistern und zum lebenslangen Sporttreiben anzuregen (Brauweiler, zitiert in Klausien, 2008, S. 16). Stand der Dinge ist jedoch, dass Sportstunden oftmals als überflüssige Last empfunden werden, daher nicht fest im Lehrplan der Schüler verankert sind und darüber hinaus zum Ausgleich vom Unterrichtsausfall anderer Fächer zweckentfremdet werden.

Die Verantwortlichen der Ausbildungsbetriebe müssen überzeugt werden, dass das Sporttreiben der Jugendlichen im Sportunterricht neben seiner Bedeutung für eine gesunde, ganzheitliche Entwicklung der Heranwachsenden auch für die Betriebe von großem Nutzen ist und daher einen „unbestrittenen und unaustauschbaren Platz des ganzheitlichen Bildungsangebotes" des schulischen Teils der Berufsausbildung einnehmen muss (Deutscher Sportbund, 2002, S. 2).

Fazit

Zusammenfassend muss festgestellt werden, dass die aktuelle Situation von Sport und Bewegung an berufsbildenden Schulen bei Weitem nicht zufrieden stellend ist.

Bereits im Jahre 2002 beklagte der Deutsche Sportbund die „sehr problematische und unverbesserte" Situation (Deutscher Sportbund, 2002, S. 2), und stellte für die zukünftige Qualitätssicherung des Schulsports an berufsbildenden Schulen folgende Forderungen auf:

- den Sport an allen Berufsschulen als Pflichtfach sichern beziehungsweise verankern
- das Stundensoll des Schulsports erfüllen

14

- dem Bau der erforderlichen Sportstätten an beruflichen Schulen Vorrang einräumen

- das Studienfach Sport im Rahmen des Lehramtes für berufliche Schulen in allen Ländern einrichten

- Fort- und Weiterbildung der Lehrer intensivieren

Dieser Forderungskatalog benennt inhaltlich im Wesentlichen die oben aufgeführten Mängel bezüglich Lehrplänen, Sportstätten, Lehrkräften und Stundenplangestaltung. Es ist offensichtlich, dass all diese Probleme neben ihren jeweils spezifischen Gründen vor allem eine gemeinsame Ursache haben, und zwar den *mangelnden Stellenwert des Faches Sport an berufsbildenden Schulen*. Nur wenn es gelingt, die Verantwortlichen für die Lehrplanrichtlinien, für die Stundenplangestaltung, die Einteilung des Vertretungsunterrichtes, den Sportstättenbau, die Lehreraus- und Weiterbildung und die duale Ausbildung in den Betrieben vom Sinn und Nutzen von Sport und Bewegung zu überzeugen, sind hier substantielle Verbesserungen zu erwarten. Es ist das Ziel der vorliegenden Arbeit, mit Hilfe der vorgestellten Leitfäden und ihrer theoretischen Begründung einen Beitrag zu dieser notwendigen Überzeugungsarbeit zu leisten, um den genannten Mängeln auf breiter Front zu begegnen.

Dabei werden zwei Argumentationslinien verfolgt:

- Die *Leitfäden für die bewegte Berufsschule* haben das Ziel, die Beteiligten direkt vom Wert von Sport und Bewegung an berufsbildenden Schulen zu überzeugen.

- Die *Leitfäden für den bewegten Betrieb* zielen zunächst einmal darauf ab, die Verantwortlichen in den Betrieben vom Nutzen der bewegten Gestaltung des Berufsalltages zu überzeugen. Wenn dies allerdings gelingt, wird das Schulfach Sport vom Ballast zu einer willkommenen Vorbereitung auf den *bewegten Betrieb*, und die Geringschätzung und der Widerstand seitens der Ausbildungsbetriebe wird sich auf mittlere Sicht in Zustimmung verwandeln.

2.3 Das Konzept der bewegten Schule – übertragen auf den Betrieb

Die Globalisierung, die Internationalisierung, der Wandel der Märkte sowie die Entwicklung zur Dienstleistungs- und Wissensgesellschaft zwingen viele Betriebe zu großen Umstrukturierungsprozessen, die mit hohen Kosten verbunden sind. Zusätzlich belastet die aktuelle Weltwirtschafts-

15

krise die meisten Branchen, was sich ebenfalls negativ auf die Umsätze und Gewinne auswirkt. Die Folge sind steigende Erwartungen und Anforderungen der Betriebe an ihre Mitarbeiter, die sich zunehmend mit Forderungen nach mehr Leistung, mehr Flexibilität und Anpassungsfähigkeit konfrontiert sehen. Dies hinterlässt jedoch Spuren. Krankheitsbedingter Arbeitsausfall, eingeschränkte Leistungsfähigkeit und körperliche sowie psychische Gesundheitsrisiken sind einige der möglichen Konsequenzen, die verdeutlichen, dass seitens der Unternehmen in ihrem eigenen Interesse Handlungsbedarf bezüglich Verbesserung der gesundheitlichen Situation ihrer Mitarbeiter besteht. Einen möglichen Ansatz, mit dieser Situation umzugehen, stellt das *Konzept des bewegten Betriebes* dar, das den Unternehmen praxisorientierte Lösungen anbietet, um auf die aktuellen Gesundheitsprobleme adäquat reagieren zu können.

2.3.1 Grundlagen

Anders als in den Schulen gibt es in Betrieben keine vorgeschriebenen Curricula, die zu einer verbindlichen Umsetzung von Sport- und Bewegungsaktivitäten verpflichten. Zwar gibt es gesetzliche Rahmenbedingungen, die verlangen, dass sich Unternehmen für die „Gesunderhaltung aller Mitarbeiter engagieren sollen, die länger und häufiger krank sind" (Sozialgesetzbuch IX, § 84 Abs. 2), doch ist es den Betrieben vollkommen freigestellt, ob und in welchem Maße sie ihren Mitarbeitern Spielraum für Maßnahmen zur Gesundheitsförderung gewähren.

Nach Meinung der verschiedenen Protagonisten des Gesundheitsmanagements wie zum Beispiel der Arbeitsschutzvertreter, Krankenkassen, Betriebsärzte oder Vertreter der Arbeitnehmer, sollte der betrieblichen Gesundheitsförderung in Zukunft jedoch eine hohe Priorität eingeräumt werden. Der renommierte Zukunftsforscher Nefiodow geht sogar davon aus, dass „Gesundheit zum bedeutendsten Wirtschaftsfaktor der kommenden Jahre wird", da der Produktivitätsfortschritt als wichtigste Quelle des Wirtschaftswachstums wesentlich von der Gesundheit beeinflusst wird (Nefiodow, 2006, S. 94). Demnach wäre eine gesamte wirtschaftliche Weiterentwicklung grundsätzlich erst dann möglich, wenn ein hohes Gesundheitsniveau erreicht ist.

Gesundheit hat jedoch nicht nur einen hohen Wert für die Volkswirtschaft, sondern ist vor allem auch für den wirtschaftlichen Erfolg jedes einzelnen Unternehmens von zunehmender

Bedeutung. Das wachsende Interesse an dem Thema „Arbeit und Gesundheit" (Badura, 2009, S.

v) ist ein Beleg für die zunehmende Erkenntnis, dass gesunde Mitarbeiter eine „wichtige

Voraussetzung für effizientes Arbeiten und wettbewerbsfähige Kostenstrukturierungen" für

Betriebe sind (Gerlach, 2005, S. 1). Sport und Bewegung gehören in diesem Zusammenhang zu

den entscheidenden Faktoren, wenn es um Maßnahmen zur Erhaltung und Förderung der

Mitarbeitergesundheit geht.

In der Praxis werden in den Betrieben zwar einige dieser Maßnahmen angeboten, die jedoch

meist losgelöst voneinander existieren und nicht aufeinander abgestimmt sind (Emmermacher,

2008, S. 2). Mangelnde Effektivität und Wirksamkeit sind die Folge.

Eine Möglichkeit, die Gesundheit der Mitarbeiter durch Sport und Bewegung mit einem

ganzheitlichen Konzept in allen Bereichen des Betriebes zu fördern, stellt die Modifikation des

Konzeptes der bewegten Schule auf den Betrieb dar, wie sie im Folgenden vorgestellt wird.

2.3.2 Das Konzept des bewegten Betriebes

Bewegte Schule im Betrieb – was auf den ersten Blick paradox erscheint, kann bei näherer

Betrachtung als große Chance gesehen werden, Sport und Bewegung über die berufsbildenden

Schulen hinaus in den Betrieben zu verankern. Ähnlich wie vor einigen Jahren, als die Frage

aufkam, warum das *Konzept der bewegten Schule* nach der erfolgreichen Entwicklung und

Erprobung in den Grundschulen nicht auf weiterführende Schulen übertragen wird (Müller &

Petzold, 2006, S. 9), stellt sich heute die Frage, warum die Berufsschüler im betrieblichen Teil

ihrer Ausbildung beziehungsweise mit dem Einstieg in das Berufsleben auf Sport und Bewegung

verzichten sollten. „Eine Erweiterung von Bewegung und Sport durch das *Konzept der bewegten*

Schule hat nicht nur in der Berufsschule positive Auswirkungen auf die Auszubildenden, sondern

kann – richtig ausgeführt – auf lange Sicht auch zum Erreichen von unternehmerischen Zielen

beitragen und so zu Wettbewerbsvorteilen führen" (See, 2007, S. 39).

Vor diesem Hintergrund sollte geprüft werden, ob das zweifellos hohe Potential des *Konzeptes der*

bewegten Schule auch in den Betrieben ausgeschöpft werden kann. Hierzu ist wiederum eine

Modifikation des *Konzeptes der bewegten Schule* erforderlich, die auf die verschiedenen Bereiche

des Betriebes eingeht, ohne dabei auf die etablierte Struktur des ursprünglichen *Konzeptes der*

bewegten Schule zu verzichten.

In diesem Sinne gliedert das folgende Modell den Betrieb in die drei Bereiche *bewegter Arbeitsplatz*, *bewegte Pause/bewegter Arbeitsweg* und *bewegtes Arbeitsleben*, die miteinander in Verbindung stehen und einen wechselseitigen Bezug zur *bewegten Freizeit* aufweisen (siehe Abbildung 6).

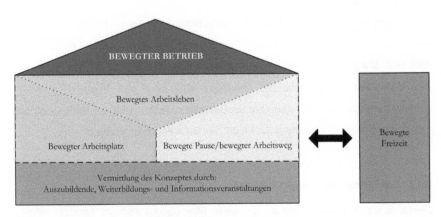

Abbildung 6 – Das Konzept des bewegten Betriebes

Ziel des *bewegten Arbeitsplatzes* ist es unter anderem, die kognitive Leistungsfähigkeit aller Teilnehmer durch mehr Bewegung zu steigern und durch verschiedene Maßnahmen eine Haltungskonstanz zu vermeiden. Ergänzt wird der bewegte Arbeitsplatz durch die *bewegte Pause* und den *bewegten Arbeitsweg*, in denen insbesondere den durch die Arbeit entstandenen physischen und psychischen Belastungen entgegengewirkt werden soll. Das *bewegte Arbeitsleben* hat zum Ziel, als Ausgleich zum Arbeitsalltag zu dienen und das Wohlbefinden sowie die Teamfähigkeit der Teilnehmer zu steigern.

Während diese Bereiche des *bewegten Betriebes* inhaltliche Parallelen zu denen der *bewegten Schule* aufweisen, unterscheiden sich ihre Fundamente wesentlich voneinander, da etwas Vergleichbares zum fest verankerten Sportunterricht der Schulen im Betrieb nicht existiert. Anstelle des Schulsports, der als *„die* Grundlage für eine *bewegte Schule"* angesehen wird (Müller & Petzold, 2006, S. 34), muss das Fundament des *bewegten Betriebes* auf andere Weise gebildet werden.

An erster Stelle sind in diesem Zusammenhang die *Auszubildenden* zu nennen. „Haben Lehrlinge durch die Teilnahme an der *bewegten Berufsschule* ein Bewusstsein für die Bedeutung von

Bewegung entwickelt, Gefallen an Bewegung, Sport und Spiel gefunden und Übungen zur Kompensation beruflicher Belastungen erlernt, so besteht die Möglichkeit, dieses Bewusstsein und Wissen auch in den Betrieb zu tragen" (See, 2007, S. 40). Wenn es den Lehrkräften der berufsbildenden Schulen gelingt, die Auszubildenden von dem *Konzept der bewegten Berufsschule* zu überzeugen und sie zu Bewegungsaktivitäten über die *bewegte Berufsschule* hinaus zu motivieren, kann den Berufsschülern im Anschluss daran auch das *Konzept des bewegten Betriebes* vorgestellt und vermittelt werden[2]. So könnten die Auszubildenden eine Vermittlerrolle einnehmen, indem sie ihre in der Berufsschule erworbenen Kenntnisse über die Bedeutung und Umsetzung des *Konzeptes des bewegten Betriebes* nutzen, um dieses in den Unternehmen zu verbreiten.

Ein weiterer Zugang zur Einführung des *Konzeptes des bewegten Betriebes* eröffnet sich durch *Weiterbildungs-* und *Informationsveranstaltungen* in den Unternehmen. Durch die Verbreitung von Informationen zur Legitimation und Umsetzung des *bewegten Betriebes*[3] kann es gelingen, eine Akzeptanz seitens der Teilnehmer zu erreichen, die zur Teilhabe am *bewegten Betrieb* motiviert und darüber hinaus zu einer Verbreitung des Konzeptes unter Kollegen, Mitarbeitern und Vorgesetzten befähigt.

Zusammenfassend lässt sich sagen, dass das *Konzept des bewegten Betriebes* mit seinen Bereichen *bewegter Arbeitsplatz, bewegtes Arbeitsleben, bewegte Pause/Bewegter Arbeitsweg* und *bewegte Freizeit* theoretisch in der Lage ist, Sport und Bewegung in die Unternehmen zu tragen. Insbesondere ist auch das in bisherigen Maßnahmen zur Gesundheitsförderung fehlende Kriterium der ganzheitlichen Betrachtung des Betriebes (Emmermacher, 2008, S. 2) im *Konzept des bewegten Betriebes* gewährleistet

Auf die praktische Ausgestaltung der oben genannten Bereiche des Betriebes wird im Zusammenhang mit der Erstellung des *Leitfadens zur Umsetzung des Konzeptes des bewegten Betriebes* in Kapitel 4.4 näher eingegangen.

---

[2] Detailliertere Informationen zur Einführung der Konzepte sind dem Kapitel 4 zu entnehmen

[3] hierzu dienen die *Leitfäden zur Legitimation und Umsetzung des bewegten Betriebes* in Kapitel 4.3 sowie 4.4

2.3.3 Die aktuelle Situation von Sport und Bewegung in Betrieben

Sport und Bewegung in Betrieben sind als Maßnahmen des betrieblichen Gesundheitsmanagements zu verstehen, so dass ihre Situation in engem Zusammenhang mit der des betrieblichen Gesundheitsmanagements steht.

Der „Heath Benefits-Studie" des Beratungsunternehmens Mercer zufolge ist die aktuelle Entwicklung des betrieblichen Gesundheitsmanagements auf europäischer Ebene insgesamt positiv zu bewerten. Zu dieser Aussage kam Mercer, nachdem Fragebögen von mehr als 800 europäischen Unternehmen in 24 Ländern ausgewertet wurden. Das Ergebnis zeigt, dass die Ausgaben für betriebliche Gesundheitsleistungen pro Mitarbeiter im vergangenen Jahr in Europa um durchschnittlich 5 Prozent gestiegen sind und rund 62 Prozent der befragten Unternehmen überzeugt sind, dass sich diese Investitionen in betriebliche Gesundheitsleistungen auszahlen.

Auf deutscher Ebene fällt die Beurteilung über die aktuelle Situation des betrieblichen Gesundheitsmanagements jedoch nicht annähernd so positiv aus. Das auf Gesundheitsmanagement spezialisierte Unternehmen Skolamed kommt in einer Befragung aus dem Jahr 2008 auf Basis der Antworten von 300 Unternehmen aller Branchen zu dem Schluss, dass Deutschland im betrieblichen Gesundheitsmanagement noch „Entwicklungsland" ist (Skolamed GmbH, 2008, S. 1). Während 50 Prozent der befragten Unternehmen angeben, nicht zu wissen, wie viel Geld in das betriebliche Gesundheitsmanagement investiert wird, sagen 67 Prozent sogar, dass die betriebswirtschaftliche Wirkung von Maßnahmen zum Gesundheitsmanagement gar nicht erfasst wird.

Diese Ergebnisse verdeutlichen, dass das Thema Gesundheitsförderung in der Prioritätenliste der meisten Führungskräfte in Deutschland weit hinten rangiert. Ursachen hierfür sind unter anderem Zeit- und Innovationsdruck sowie geringe Budgetvorgaben, die dazu zwingen, mit immer weniger Mitarbeitern immer mehr zu leisten. Zudem bestimmen kurzfristiges Denken und Handeln den heutigen unternehmerischen Alltag, so dass Planungshorizonte selten über einen Zeitraum von ein bis zwei Jahren hinausgehen. Gesundheitsschutz und Gesundheitsförderung werden oftmals „nicht als Chance begriffen, sondern als Ballast betrachtet, gegen den es zwar kein logisches Gegenargument gibt, der jedoch schwer ‚greifbar' ist und allzu gern bei Einspargedanken in den Vordergrund rückt." (Emmermacher, 2008, S. 2)

Ein *bewegter Betrieb* wäre in hohem Maße geeignet, die Gesundheit der Mitarbeiter langfristig zu schützen und zu fördern, und könnte darüber hinaus zu weiteren Wettbewerbsvorteilen führen[4]. Vor diesem Hintergrund besteht eine große Herausforderung darin, die deutschen Unternehmen davon zu überzeugen, das Thema Gesundheitsförderung und zu deren Realisierung das *Konzept des bewegten Betriebes* in ihre Planungen zu integrieren. Hierzu muss bei den Verantwortlichen die Einsicht geweckt werden, dass Sport und Bewegung als integrale Bestandteile ihres Betriebes geeignet sind, den wirtschaftlichen Nutzen zu erhöhen. Durch konkrete und übersichtlich dargestellte Argumente, die den Nutzen betrieblichen Gesundheitsmanagements belegen, kann es gelingen, dieses Thema in der Prioritätenliste weiter nach oben zu schieben und eine positive Einstellung gegenüber dem *Konzept des bewegten Betriebes* zu erreichen. Der in Kapitel 4.3 vorgestellte *Leitfaden zur Legitimation des bewegten Betriebes* hat den Anspruch, diese Argumente zu liefern und ansprechend darzustellen.

3 Zielgruppenanalyse

Bevor mit der Argumentation für mehr Bewegung in Berufsschule und Betrieb sowie mit Vorschlägen zur Umsetzung der *bewegten Berufsschule* und des *bewegten Betriebes* begonnen werden kann, müssen die motorischen Voraussetzungen der jeweiligen Zielgruppen geklärt werden. Dieses Kapitel soll somit die Grundlage für eine sinnvolle Argumentation für Bewegung in Berufsschule und Betrieb schaffen und Folgerungen für die sportliche Betätigung in den jeweiligen Lebensphasen und somit für die Umsetzung der *Konzepte der bewegten Berufsschule* und des *bewegten Betriebes* aufzeigen. Dabei wird unterschieden zwischen Schülern der berufsbildenden Schulen einerseits und Arbeitnehmern im Betrieb andererseits. Grundlage bei der Differenzierung der einzelnen Lebensphasen stellen dabei die Entwicklungsphasen der motorischen Ontogenese nach Winter (1998, S. 237 – 349) dar. Auf eine geschlechtsspezifische Unterscheidung wird im Folgenden verzichtet, da diese für die Anregung des Umdenkprozesses in Berufschule und Betrieb zu differenziert ausfallen würde und daher auch bei der Gestaltung der Leitfäden nicht berücksichtigt wird.

---

[4] siehe dazu Ausführungen im Kapitel 4.3

3.1 Berufsschüler

Betrachtet man die Altersstruktur der Schüler berufsbildender Schulen, so fällt auf, dass im Vergleich zu den Schülern allgemeinbildender Schulen eine relativ hohe Heterogenität innerhalb der einzelnen Jahrgangsstufen besteht. Die Schülerinnen und Schüler der verschiedenen Sektoren berufsbildender Schulen sind im Durchschnitt zwar 19,6 Jahre alt (Bundesministerium für Bildung und Forschung, 2008, S. 139), doch gibt es bezüglich des Alters eine Streuung, die von 13 bis über 30 Jahre reicht (Autorengruppe Bildungsberichterstattung, 2008, S. 277). Aus sportmotorischer Sicht bedeutet dies, dass für die Zielgruppenanalyse der Berufsschüler hauptsächlich zwei Entwicklungsphasen der motorischen Ontogenese betrachtet werden müssen, um die Lebensphase der Berufsschüler darzustellen: Das späte Jugendalter (ca. 14. bis 19. Lebensjahr) und das frühe Erwachsenenalter (ca. 19. bis 30. Lebensjahr).

3.1.1 Spätes Jugendalter

Nach Wollny (2007, S. 229 - 232) und Hartmann & Senf (1997, S. 197 - 200) ist das späte Jugendalter unter anderem durch folgende Merkmale gekennzeichnet:

- Ende der Wachstums- und Reifungsprozesse und somit körperliche Ausreifung
- Zunehmende Stabilisierung
- Aufbau einer eigenen Identität
- Ansteigende Lern- und Leistungsbereitschaft

Als Konsequenz bedeutet dies für das *Konzept der bewegten Berufsschule*, dass die Jugendlichen sich überwiegend in einem belastungsfähigen Alter befinden, wobei dennoch Rücksicht auf die körperliche Entwicklung genommen werden muss. Ein alters-, entwicklungs- und leistungsgerechtes, freudbetontes Üben kann in diesem und in nachfolgenden Altersetappen die körperliche Leistungsfähigkeit steigern und auf einem bestimmten Niveau erhalten (Hartmann & Senf, 1997, S. 199). Das späte Jugendalter bietet zudem die Chance, dass Schüler Bewegung als einen Teil ihrer eigenen Identität verstehen, der damit einen festen Bestandteil ihres Lebens bildet. Die ansteigende Lern- und Leistungsbereitschaft kann und sollte genutzt werden, um das *Konzept der bewegten Berufsschule* zu vermitteln, um somit eine sportliche Identität bei den Berufsschülern zu wecken. Die Einführung des *Konzeptes der bewegten Berufsschule* kann zudem einen Beitrag leisten zu dem Ziel, dass „die Jugendlichen für die Bedeutung von selbstverantwortlichem Bewegen im späteren Berufs- und Familienleben zu sensibilisieren sind" (Müller & Petzold, 2006, S. 32).

3.1.2 Frühes Erwachsenenalter

Das frühe Erwachsenenalter ist motorisch gesehen durch die „relative Erhaltung der hohen Leistungsfähigkeit geprägt" (Hartmann & Senf, 1997, S. 180). Während die motorische Leistungsfähigkeit somit vergleichsweise konstant bleibt, finden in dieser Lebensphase große Veränderungen der Lebensläufe statt (Wollny, 2007, S. 233). Zu den Lebensaufgaben im frühen Erwachsenenalter zählen:

- Abschluss der Berufsausbildung
- Aufnahme der Berufstätigkeit
- Ablösung von der Herkunftsfamilie
- mögliche Familiengründung

Für die Umsetzung des *Konzeptes der bewegten Berufsschule* bedeutet dies, dass es in der Lebensphase des frühen Erwachsenenalters aus motorischer Sicht ohne Einschränkungen durchgeführt werden kann. Der Übergang von der Berufsausbildung zur Aufnahme der Berufstätigkeit kann und sollte genutzt werden, um die Idee des *Konzeptes der bewegten Berufsschule* in veränderter Form in die Betriebe zu tragen. Da das Sportengagement im frühen Erwachsenenalter zwischen den beiden Polen „generelles sportliches Desinteresse" und „Berufssport" liegt (Wollny, 2008, S. 233), muss versucht werden, das Interesse zum Sporttreiben in der Freizeit zu wecken und Sport in den Berufsalltag integrieren. Wie bereits in Kapitel 2.3.2 erwähnt, bietet sich in diesem Zusammenhang das *Konzept des bewegten Betriebes* an, da es in der Lage ist, Sport und Bewegung in alle Bereiche des Betriebes und darüber hinaus in die Freizeit zu tragen. Hier ergibt sich zudem die Chance, den Zeitpunkt der Ablösung von der Herkunftsfamilie und der eigenen Familiengründung zu nutzen, um Sport und Bewegung über eine bewegte Gestaltung der Freizeit im Alltag junger Familien zu verankern.

Selbstverständlich gelten die Ausführungen zum frühen Erwachsenenalter nicht nur für Berufsschüler, sondern gleichermaßen auch für junge Berufsanfänger. Das folgende Kapitel betrachtet die Arbeitnehmer im Anschluss an das frühe Erwachsenenalter.

3.2 Arbeitnehmer

Nach Angaben des Statistischen Bundesamtes lag das Durchschnittsalter aller Erwerbstätigen Deutschlands im Jahr 2007 bei rund 41 Jahren (Statistisches Bundesamt, 2009, S. 6). Wie bei den Berufsschülern hat dieser Wert jedoch wenig Aussagekraft, da die Altersstruktur von einer hohen Heterogenität geprägt ist, die von 15 bis weit über das offizielle Renteneintrittsalter von 65 Jahren reicht. Aus bewegungswissenschaftlicher Sicht stehen bei den Arbeitnehmern zwei Entwicklungsphasen der motorischen Ontogenese im Mittelpunkt: Das mittlere Erwachsenenalter (ca. 30. – 50. Lebensjahr) und das spätere Erwachsenenalter (ca. 50. - 65. Lebensjahr).

3.2.1 Mittleres Erwachsenenalter

Aus sportmotorischer Sicht kann das mittlere Erwachsenenalter als „Zeitraum einer sich allmählich ausprägenden motorischen Leistungsminderung gekennzeichnet werden" (Hartmann, Minow, Senf, 2002, S. 49). Während im täglichen Leben in der Regel keine altersbedingte Veränderungen bei Bewegungsgewohnheiten auftreten, verschlechtern sich die koordinativen Fähigkeiten und die Schnelligkeits- und die Ausdauerfähigkeiten bei sportlicher Inaktivität stetig (Hartmann et al., 2002, S. 49).

Sportliche Aktivität kann diesen Erscheinungen jedoch entscheidend entgegenwirken: „Bei Trainierenden ist das mittlere Erwachsenenalter ein Zeitraum der möglichen Erhaltung höchster motorischer Leistungen" (Hartmann et al., 2002, S. 50). Dies ist allerdings nur bei langjähriger, ununterbrochener und intensiver sportlicher Betätigung möglich. Doch auch bei Untrainierten „kann die motorische Leistungsfähigkeit durch regelmäßiges Training reaktiviert, bedeutend gesteigert und über die ganze Lebensphase hinweg gehalten werden" (Hartmann et al., 2002, S. 50).

Als Folgerung für die sportliche Betätigung und somit auch für den *bewegten Betrieb* kann im mittleren Erwachsenenalter nach Hartmann et al. (S. 50) festgehalten werden, dass:

- das individuelle Leistungsvermögen im Vergleich zum frühen Erwachsenenalter stärker beachtet werden muss

- der Kräftigung, Dehnung und Lockerung des Stütz- und Bewegungssystems die notwendige Aufmerksamkeit gewidmet werden muss

- der beruflichen Tätigkeit Rechnung getragen werden sollte und ggf. Einseitigkeiten der beruflichen Beanspruchung ausgleichend entgegengewirkt werden sollen

- im Freizeitbereich abwechslungsreiche Übungsprogramme geboten werden sollten, die eine vielseitige Wirkung auf die motorischen Fähigkeiten ausüben

3.2.2 Späteres Erwachsenenalter

Das späte Erwachsenenalter ist allgemein durch eine verstärkte motorische Leistungsminderung gekennzeichnet, die insbesondere bei sportlicher Nichtbetätigung in Erscheinung tritt. Negativ beeinflusst sind in diesem Fall die Schnelligkeits-, Kraft- und Ausdauerfähigkeiten sowie die koordinativen Fähigkeiten. Auch bei Sporttreibenden sind im späten Erwachsenenalter mehr oder weniger ausgeprägte und letztlich irreversible motorische Leistungsminderungen festzustellen. „Ausmaß und Geschwindigkeit des sportmotorischen Leistungsrückgangs sind durch Training jedoch außerordentlich positiv beeinflussbar" (Hartmann et al., 2002, S. 51).

Für die sportliche Betätigung und den *bewegten Betrieb* ergeben sich im späteren Erwachsenenalter die anschließenden Folgerungen (Hartmann et al., 2002, S. 51):

- Bei jeglicher sportlichen Betätigung muss im späteren Erwachsenenalter noch sorgfältiger als in den vorangegangenen Lebensphasen auf die individuelle motorische Leistungsfähigkeit geachtet werden.

- Eine entsprechende sportliche Betätigung wird in diesem Lebensabschnitt wichtiger denn je, zumal gerade Menschen des späteren Erwachsenenalters verstärkt zur Bequemlichkeit neigen und körperliche Untätigkeit fälschlicherweise als Form der Erholung und Entspannung bevorzugen.

- Im späteren Erwachsenenalter sind Bewegung und Sport die nachweisbar besten und erfolgreichsten Mittel, um die motorische Rückbildung zu verzögern und sich damit leistungsfähig zu halten.

- Es sollte eine maßvolle und vielseitige Kräftigung des Stütz- und Bewegungsapparates unter Einbeziehung haltungsverbessernder Übungen erfolgen.
- Der aktive Bewegungsapparat sollte gedehnt und gelockert werden.

Erwähnenswert ist an dieser Stelle, dass der Altersdurchschnitt der Arbeitnehmer in den kommenden Jahren aufgrund des demographischen Wandels weiter zunehmen wird (Statistisches Bundesamt, 2009, S. 15), so dass sich die Mitarbeiterstruktur in Zukunft immer mehr in Richtung des späteren Erwachsenenalters verschiebt. Da die Arbeitnehmer im Erwachsenenalter unter anderem zunehmend zur ‚Bequemlichkeit' neigen und zugleich einen erheblichen Anteil ihres Lebens im Betrieb verbringen, ergibt sich für Betriebe die Chance, aber auch die Verantwortung, durch Anreize zur sportlichen Betätigung die motorische Entwicklung ihrer Arbeitnehmer zu verbessern. Das *Konzept des bewegten Betriebes* kann einen wichtigen Beitrag leisten, dieser Verantwortung gerecht zu werden.

4 Entwicklung von Leitfäden für Berufsschule und Betrieb

Hauptanliegen dieser Diplomarbeit ist es, einen Beitrag dazu zu leisten, Berufsschulen und Betriebe bewegter zu gestalten. Um eine möglichst große Anzahl der beteiligten Personen anzusprechen, werden für die Berufsschule und den Betrieb jeweils zwei Leitfäden entwickelt, welche die *Konzepte der bewegten Berufsschule* und des *bewegten Betriebes* legitimieren und Anregungen zu deren praktischer Realisierung liefern:

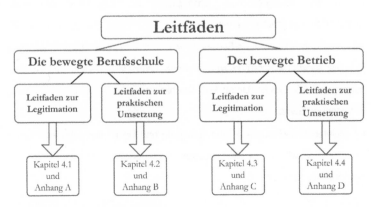

Abbildung 7 – Übersicht über die Leitfäden

Dabei empfiehlt sich die Verwendung von Leitfäden, weil sie:

- optisch ansprechend,

- übersichtlich,

- kompakt,

- informativ und

- kostengünstig im Druck sind.

Durch diese Eigenschaften sind Leitfäden besonders geeignet, in größerer Anzahl vervielfältigt und in Berufsschule und Betrieb eingeführt zu werden. In den Kapiteln 4.1 bis 4.4 werden die Inhalte der einzelnen Leitfäden abgeleitet und beschrieben. Die Leitfäden selber befinden sich in Anhang A bis D.

Einführung der Leitfäden

Bei der Einführung der Leitfäden sind für die Zielgruppe der Berufsschüler spezielle Überlegungen darüber anzustellen, wann ihnen welche Leitfäden vorgestellt werden sollten. Da es sich beim Leitfaden zur Legitimation der *bewegten Berufsschule* im Wesentlichen um theoretische didaktische Überlegungen handelt, richtet er sich innerhalb der Schule nur an die Lehrkräfte und nicht an die Schüler. Im Gegensatz dazu ist der Leitfaden zur Umsetzung der *bewegten Berufsschule* mit seinen praktischen Beispielen auch für die Schüler gut geeignet

Da Berufsschüler sowohl vom *Konzept der bewegten Berufsschule* als auch vom *Konzept des bewegten Betriebes* profitieren können und bezüglich der Verbreitung des Konzeptes in die Arbeitswelt ein hohes Potential darstellen (vgl. Kapitel 2.3.2), ist es sinnvoll, ihnen bereits in der Berufsschule auch das *Konzept des bewegten Betriebes* vorzustellen. Dabei sollte zunächst das *Konzept der bewegten Berufsschule* eingeführt werden, sodass eine Akzeptanz seitens der Schüler erreicht wird, die zu Bewegungsaktivitäten über die Berufsschule hinaus motiviert. Dieses Ziel sollte nach etwa sechs Monaten erreicht sein, wobei der Zeitrahmen nur zur Orientierung dienen und je nach Situation selbstverständlich entsprechend verschoben werden kann. Erst nach der erfolgreichen Einführung des *Konzeptes der bewegten Berufsschule* sollte mit der Vermittlung des *Konzeptes des bewegten Betriebes* begonnen werden (siehe Abbildung 8).

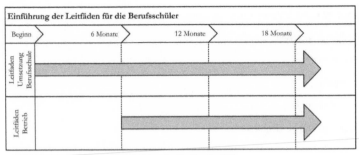

Abbildung 8 – Einführung der Leitfäden für die Berufsschüler

Da in die Unternehmen lediglich das *Konzept des bewegten Betriebes* eingeführt wird, stellt sich diese Problematik bei den Betrieben nicht. Hier kann zu jedem Zeitpunkt mit der Einführung des Konzeptes begonnen werden, und beide Leitfäden richten sich sowohl an die Unternehmensleitung als auch an die Mitarbeiter.

4.1 Die bewegte Berufsschule – Leitfaden zur Legitimation

Die in Kapitel 2.2.3 genannten Probleme wie die Nichteinhaltung des ohnehin geringen Stundensolls, mangelhafte Situation der Sportstätten, unqualifiziertes Lehrpersonal sowie der geringe Stellenwert des Faches Sport kennzeichnen die aktuelle Situation des Schulsports in berufsbildenden Schulen, die vom Deutschen Sportbund deshalb auch zu Recht als „sehr problematisch" (Deutscher Sportbund, 2002, S. 1) eingeschätzt wird.

Um diese Situation in Zukunft zu verbessern, müssen alle Verantwortlichen und Beteiligten der Berufsschulen davon überzeugt werden, dass „Bewegung für die umfassende Entwicklung von Jugendlichen von sehr großer Bedeutung ist" (Müller & Petzold, 2006, S. 23). Nur getragen von dieser Überzeugung kann es gelingen, die Berufsschulen bewegter zu gestalten und die genannten Probleme zu eliminieren, sodass die Berufsschüler von den vielfältigen Nutzenaspekten von Bewegung profitieren können.

Ziel des *Leitfadens zur Legitimation der bewegten Berufsschule* ist es, für Transparenz über diese Nutzenaspekte zu sorgen, um bei den Verantwortlichen die Akzeptanz von Sport- und Bewegungsaktivitäten im Berufsschulalltag zu wecken. Hierzu werden acht Argumente

28

vorgestellt, die die Bedeutsamkeit von Sport und Bewegung in Berufsschulen belegen und somit zu einem Umdenken animieren sollen.

Darüber hinaus soll der Leitfaden erreichen, dass das *Konzept der bewegten Berufsschule* als geeignetes Instrument zur Umsetzung dieser Sport- und Bewegungsaktivitäten anerkannt und eingeführt wird. Im Anschluss an die einzelnen Argumente wird daher in einer Box stichpunktartig dargestellt, wie die praktische Realisierung der Argumente im *Konzept der bewegten Berufsschule* erfolgen kann. Der Leitfaden richtet sich dabei in erster Linie an die Schulleitung, Lehrkräfte und angehende Lehrkräfte (Referendare, Studenten), aber auch an die Schulträger und die Verantwortlichen für die Lehrplangestaltung.

4.1.1 Unterstützung bei der Aneignung beruflicher Handlungskompetenz

Ausgewiesenes Bildungs- und Erziehungsziel aller Berufsschulen ist es, den Berufsschülern eine berufliche Handlungskompetenz zu vermitteln, die von der KMK definiert wird als „Bereitschaft und Befähigung des Einzelnen, sich in beruflichen, gesellschaftlichen und privaten Situationen sachgerecht durchdacht sowie individuell und sozial verantwortlich zu verhalten" (Handreichung KMK, 2007, S. 10).

Die berufliche Handlungskompetenz entfaltet sich dabei in den Dimensionen (Handreichung KMK, 2007, S. 11):

- Fachkompetenz
- Humankompetenz und
- Sozialkompetenz

Sport- und Bewegungsaktivitäten sind in hohem Maße geeignet, die Aneignung aller drei Dimensionen der beruflichen Handlungskompetenz zu unterstützen. Im Folgenden werden die einzelnen Dimensionen kurz vorgestellt und auf Möglichkeiten der bewegungsbedingten Verbesserungen des jeweiligen Lernprozesses hingewiesen.

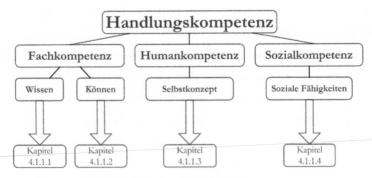

Abbildung 9 – Dimensionen beruflicher Handlungskompetenz

Unter *Fachkompetenz* wird die Bereitschaft und Befähigung verstanden „auf der Grundlage fachlichen *Wissens* und *Könnens* Aufgaben und Probleme zielorientiert, sachgerecht, methodengeleitet und selbstständig zu lösen und das Ergebnis zu beurteilen" (Handreichung KMK, 2007, S. 11). Grundlage für das Lösen von Aufgaben und Problemen sind somit fachliches *Wissen* und *Können*. Nachfolgend wird gezeigt, dass deren Ausbildung beziehungsweise Erhaltung durch Bewegung sinnvoll unterstützt werden kann[5].

Bewegungsaktivitäten sind darüber hinaus geeignet, die Entwicklung der *Humankompetenz* zu verbessern, welche unter anderem die Eigenschaft „Selbstvertrauen" umfasst (Handreichung KMK, 2007, S. 11). Bewegung unterstützt den Aufbau eines positiven Selbstkonzeptes (Müller & Petzold, 2006, S. 22) und ist somit in der Lage, das Selbstvertrauen zu stärken und dadurch bei der Vermittlung der *Humankompetenz* zu helfen[6].

Die *Sozialkompetenz* beinhaltet unter anderem Fähigkeiten wie Teamfähigkeit und Kritikfähigkeit. Durch die Förderung „individuelle[r] Auseinandersetzung und Bewältigung von sozialen Ereignissen" (Müller, 2006, S. 17) kann Bewegung die Ausbildung sozialer Fähigkeiten unterstützen[7].

Bewegung hilft also, die Vermittlung der beruflichen Handlungskompetenz in allen ihren Dimensionen zu fördern und kann somit einen großen Beitrag zum Erreichen dieses zentralen Bildungsziels der Berufsschulen leisten. Abbildung 9 liefert einen Überblick über die

---

[5] Vgl. hierzu Kapitel 4.1.1.1 und 4.1.1.2
[6] Vgl. hierzu Kapitel 4.1.1.3
[7] Vgl. hierzu Kapitel 4.1.1.4

Dimensionen beruflicher Handlungskompetenz und den Verweis auf die Kapitel, in denen sie jeweils näher behandelt werden.

Was kann die bewegte Berufsschule leisten?

Die bewegte Berufsschule beinhaltet viele Sport- und Bewegungsaktivitäten, die die Aneignung von Fachkompetenz, Humankompetenz und Sozialkompetenz unterstützen.

4.1.1.1 Unterstützung bei der Aneignung von Wissen

Bewegung kann die *Wissensaneignung* in vielerlei Hinsicht unterstützen. Zu nennen sind hier vor allem eine gesteigerte kognitive Leistungsfähigkeit sowie eine gesteigerte Wahrnehmungsfähigkeit, die im Folgenden erläutert werden.

Bewegung steigert die kognitive Leistungsfähigkeit

Wissenschaftliche Untersuchungen belegen, dass Bewegung kognitive Prozesse positiv beeinflussen kann. Fischer et al. untersuchten die Wirkung von Bewegung auf die Gehirn-funktion und fanden dabei heraus, dass körperliche Aktivitäten einen positiven Einfluss auf die Energiebereitstellung im Gehirn haben. Es wurde festgestellt, dass die Hirndurchblutung bei einer Belastung von 25 Watt um 13,5 Prozent und bei einer Belastung von 100 Watt sogar um 24,7 Prozent gesteigert werden konnte. Die dadurch erhöhte Sauerstoffversorgung im Gehirn führt zu einer Verbesserung der aktuellen kognitiven Leistungsfähigkeit und Gedächtnisfähigkeit (Fischer, Dickreiter, Mosmann, 1998, S. 134). Eine wichtige Erkenntnis ist in diesem Zusammenhang, dass bereits geringe Belastungen, wie beispielsweise langsames Gehen, den Energiestoffwechsel im Gehirn erhöhen und somit die kognitive Leistungsfähigkeit verbessern können.

Ebenfalls Einfluss auf die kognitive Leistungsfähigkeit hat das „Aktivationsniveau" des Gehirns (Fischer et al., 1998, S. 134). Das Aktivationsniveau kann als Zustand der Gehirnaktivität beschrieben werden, der bei Bewegung ansteigt und in Ruhe sinkt. Bewegungsarme Tätigkeiten (z.B. andauerndes Sitzen) führen zu einer vermehrten Aktivität des Parasympathikus

(„Ruhenerv"), was ein vermindertes Aktivationsniveau zur Folge hat. Die Person wird müde, die kognitive Leistungsfähigkeit sinkt und es kommt zu Denk- und Konzentrationsschwierigkeiten (Müller & Petzold, 2006, S. 16). Sportliche Aktivität beziehungsweise Bewegung wirkt in diesem Zusammenhang als stimulierender Faktor, der das Aktivationsniveau anheben, die Konzentration steigern und die kognitive Leistungsfähigkeit wiederherstellen kann.

Bewegung fördert die Wahrnehmungsfähigkeit

Unter kognitivem Lernen kann stark vereinfacht „die Aneignung von Wissen und Lernstrukturen" verstanden werden (Mittmannsgruber, 2004, S. 19). Wissen kann umso besser und langfristiger gespeichert werden, je mehr Kanäle für die Wahrnehmung genutzt werden (Vester, 1992, S. 142). Durch Bewegung steht dem Schüler beim Lernen neben den üblichen akustischen und optischen Analysatoren mit dem „Bewegungssinn" ein zusätzlicher Informationszugang zur Verfügung (Müller & Petzold, 2006, S. 16), durch den Ursache-Wirkungszusammenhänge besser begriffen (Zimmer, 1998, S. 138) und die Erinnerungsleistung verbessert werden kann. Bewegung unterstützt somit den kognitiven Lernprozess, indem Wissen durch einen zusätzlichen Informationszugang besser angeeignet und gespeichert werden kann.

Zusammenfassend lässt sich festhalten, dass Bewegung die Wissensaneignung im Lernprozess unterstützt und somit einen großen Beitrag zur Vermittlung der Fachkompetenz der Berufsschüler leisten kann.

Was kann die bewegte Berufsschule leisten?

Bewegter Unterricht:
- Bewegtes Lernen • führt zu verbesserter Leistungs- und Wahrnehmungsfähigkeit
- Auflockerungsminuten • fördern die Konzentration
- Individuelle Bewegungszeiten • erhöhen die Leistungsfähigkeit

Bewegtes Schulleben:
- Exkursionen • ermöglichen Lernen mit dem Bewegungssinn

Bewegte Freizeit/Bewegte Arbeitszeit
- steigern unter anderem das Aktivationsniveau und den Energiestoffwechsel im Gehirn

4.1.1.2 Stärkung der körperlichen Entwicklung und koordinativen Fähigkeiten

Eine gesunde *körperliche Entwicklung* und gut ausgeprägte *koordinative Fähigkeiten* sind in vielen Berufen Basis für das fachliche *Können*[8] und somit für die berufliche Handlungskompetenz.

Gesunde körperliche Entwicklung

Der menschliche Organismus ist von Natur aus auf Bewegung angelegt (Regensburger Projektgruppe, 2001, S. 72). Der Wandel zu einer Gesellschaft, in der bewegungsarme Tätigkeiten Alltag und Schule dominieren, ruft daher vermehrt Bewegungsmangelerscheinungen hervor, die körperliche Beschwerden und eine verminderte körperliche Leistungsfähigkeit zur Folge haben. Daher ist es in der heutigen Zeit eine wichtige Aufgabe der Schulen, zur Erhaltung und Wiederherstellung der Leistungsfähigkeit ihrer Schüler deren gesunde körperliche Entwicklung vermehrt zu unterstützen.

Nach Crasselt (1994, S. 106) kann unter körperlicher Entwicklung die „qualitative und quantitative Veränderungen des Körpers" verstanden werden. Einseitige Belastungen wie z.B. ständiges Sitzen können in diesem Sinne eine negative qualitative Veränderung des Körpers bewirken, die sich unter anderem in Haltungsschwächen, Haltungsschäden und Schmerzen äußern kann. Voraussetzung für die optimale Ausübung körperlicher und kognitiver Tätigkeiten, also auch Voraussetzung zur dauerhaften und bestmöglichen Umsetzung des individuellen Könnens, ist jedoch ein gesunder, schmerzfreier und belastbarer Körper.

Bewegung kann auf vielfältige Art und Weise helfen, die körperliche Entwicklung zu fördern und den körperlichen Optimalzustand zu bewahren oder wiederherzustellen. So kann durch Bewegung die Entwicklung der Muskulatur und des Bandapparates gefördert (Illi, U., 1998. S. 7) und muskuläre Dysbalancen, längerfristige Haltungsschwächen sowie Haltungsschäden vermieden beziehungsweise vermindert werden (Müller & Petzold, 2006, S. 21). Darüber hinaus kann durch Bewegung Übergewicht bekämpft und daraus resultierende Folgeerkrankungen wie Herz-Kreislauf-Erkrankungen, Diabetes-mellitus, arterielle Hypertonie oder frühzeitige Arthrose vermieden werden.

---

[8] Die Fachkompetenz ist unterteil in „Wissen" und „Können" (Siehe Abbildung 9)

Verbesserung koordinativer Fähigkeiten

Zwischen Bewegung und der Ausbildung koordinativer Fähigkeiten besteht ein enger Zusammenhang, der genutzt werden kann, um die berufliche Handlungskompetenz der Berufsschüler zu verbessern. „Koordinative Fähigkeiten sind Handlungsvoraussetzungen, die primär durch die Prozesse der Bewegungssteuerung und Regulierung bestimmt sind" (Hartmann et al., 2002, S. 137). Demnach sind koordinative Fähigkeiten Voraussetzung jeglichen motorischen Handelns, da alle Bewegungen durch sie gesteuert und reguliert werden. Gut ausgebildete koordinative Fähigkeiten können somit auch berufliche Handlungen positiv beeinflussen, insbesondere im handwerklichen Bereich.

Vielfältige Variationen von Bewegungshandlungen sind die wesentliche Methode zur Vervollkommnung koordinativer Fähigkeiten (Müller & Petzold, 2006, S. 21). So kann Bewegung helfen, beruflich relevante koordinative Fähigkeiten herauszubilden, wie zum Beispiel die Gleichgewichtsfähigkeit und die Orientierungsfähigkeit (Illi, 1998, S. 7). Sie trägt daher dazu bei, eine höhere Qualität beruflicher Handlungskompetenz zu sichern. Die bewegte Gestaltung von Schule und Unterricht stellt für Berufsschulen daher eine große Chance dar, die Handlungskompetenz ihrer Schüler zu verbessern.

Was kann die bewegte Berufsschule leisten?

Bewegter Unterricht:
- Bewegtes Lernen • vermeidet unter anderem die Haltungskonstanz
- Auflockerungsminuten • stärken die belastete Muskulatur
- Dynamisches Sitzen • wirkt der Belastungen durch Sitzen entgegen
- Individuelle Bewegungszeiten • fördern Muskelaufbau, Beweglichkeit...

Bewegte Pause:
- Ausbildung koordinativer und konditioneller Fähigkeiten

Bewegte Freizeit/Bewegter Arbeitszeit:
- fördern die körperliche Entwicklung und die koordinativen Fähigkeiten

4.1.1.3 Aufbau eines positiven Selbstkonzeptes

Das *Selbstkonzept* kann als „inneres Bild von sich selbst" (Dietrich & Rietz, 1996, S. 362) verstanden werden und ist als „wichtige Orientierung für das Handeln" (Eberspächer zitiert in Müller & Petzold, 2006, S. 22) entscheidender Bestandteil der beruflichen Handlungskompetenz. Merkmale wie ein sicheres Auftreten, Selbstständigkeit, Kritikfähigkeit und Mut sind in nahezu allen Berufen von großer Bedeutung und daher auch Teil fast aller beruflichen Auswahlverfahren und Bewerbungsgespräche. Eine wichtige Aufgabe der Berufsschulen ist es daher, sich zur Stärkung der beruflichen Handlungskompetenz dem Aufbau eines positiven Selbstkonzeptes der Schüler zu widmen.

Die positiven Effekte sportlicher Betätigung auf das Selbstkonzept der Schüler (Gerber, Pühse, 2005, S. 29) lassen sich auf verschiedene Ursachen zurückführen. So können durch Sport und Bewegung die körperlichen Fähigkeiten verbessert werden (vgl. Kapitel 4.3), was positive motorische Könnenserfahrungen hervorrufen und somit zu einer gestiegenen Achtung vor sich selbst und Akzeptanz durch andere führen kann (Müller & Petzold, 2006, S. 23). Des Weiteren kann durch Bewegung eine positive Einstellung zur eigenen Körperlichkeit erzielt werden (Müller & Petzold, 2006, S. 22), welche sich wiederum positiv auf das Selbstvertrauen auswirkt. Nach Illi (1998, S. 7) regt Bewegung die „Ausprägung von Eigenschaften und Merkmalen der Persönlichkeit an", die sich in einer gestärkten Ich-Identität, einem gestärkten Selbstvertrauen und einer gestärkten Selbstkompetenz äußert und zum „selbstständigen und selbstbestimmten Handeln" befähigt (Illi, 1998, S.7).

Zudem ist in der Altersstufe der Schüler beruflicher Schulen die Entwicklung eines positiven Selbstkonzeptes aus folgenden Gründen besonders wichtig:

- In der Phase des späten Jugendalters wird die eigene Identität aufgebaut und zudem wird viel Wert auf selbstständiges Handeln gelegt, für das ein positives Selbstkonzept „wichtige Orientierung" ist (Eberspächer zitiert in Müller & Petzold, 2006, S. 22).

- Die Aussicht auf ein gutes körperliches Aussehen kann als motivationaler Anker für Sport und Bewegung dienen, da in der späten Jugendphase ein zunehmendes Interesse an der eigenen Körperlichkeit und an der Präsentation des „neuen" Körpers besteht (Müller & Petzold, 2006, S. 32).

35

- Der Aufbau eines positiven Selbstkonzeptes ist besonders in der Jugendphase wichtig, da es als stabilisierende Ressource für den Erwerb sozialer Handlungskompetenz (Gerber, Pühse, 2005, S. 29) dient, auf den im nächsten Kapitel näher eingegangen wird.

Was kann die bewegte Berufsschule leisten?

Bewegter Unterricht:
- Individuelle Bewegungszeiten • trainieren Haltung, Muskeln, koordinative und rhythmische Fähigkeiten und können somit das Selbstkonzept verbessern

Bewegte Pause:
- Sportspiele • verbessern die koordinativen und konditionellen Fähigkeiten
- Nintendo Wii® • trainiert Haltung, Muskeln, koordinative, konditionelle und rhythmische Fähigkeiten, Sammeln von motorischen Könnenserfahrungen

Bewegte Freizeit/Bewegte Arbeitszeit
- verbessern die körperlichen Fähigkeiten

4.1.1.4 Aufbau der Sozialkompetenz

Die *Sozialkompetenz* ist die „Bereitschaft und Befähigung, soziale Beziehungen zu leben und zu gestalten, Zuwendungen und Spannungen zu erfassen und zu verstehen sowie sich mit Anderen rational und verantwortungsbewusst auseinander zu setzen und zu verständigen" (Handreichung KMK, 2007, S. 11). Sie trägt in vielerlei Hinsicht zur beruflichen Handlungskompetenz bei, da Teamfähigkeit, Kritikfähigkeit und gute Menschenkenntnis entscheidende Kompetenzen im Alltag moderner Unternehmen darstellt. Auch für die Arbeit von Führungskräften, die zum großen Teil aus dem sozialen Umgang mit Mitarbeitern besteht, ist eine hohe Sozialkompetenz unabdingbare Voraussetzung.

Bewegungs- und Spielsituationen bieten vielfältige soziale Lernmöglichkeiten (Müller & Petzold, 2006, S. 17) und schaffen die Voraussetzungen, „etwas gemeinsam zu unternehmen, sich abzusprechen, durchzusetzen, nachzugeben, und miteinander oder gegeneinander zu spielen" (Regensburger Projektgruppe, 2001, S. 81). Bewegung vermittelt dadurch grundlegende soziale Erfahrungen, fördert den Aufbau von Fremdvertrauen und Verantwortung gegenüber Anderen und bildet Führungsqualitäten aus (Illi, 1998, S.7). Bewegung ermöglicht, Kontakt mit Anderen aufzunehmen und hilft, die Fähigkeit zu entwickeln, „sich verbal und nonverbal verständlich zu machen und andere zu verstehen" (Müller & Petzold, 2006, S. 18). „Sportliche Aktivität bringt Menschen auf zumeist engem Raum zusammen und fördert den verbalen sowie den physischen Dialog. Es öffnen sich neue Kommunikationskanäle" (Kleinert, 2002, S. 9).

Da die Schüler im späten Jugendalter vermehrt intensive Kommunikationsbeziehungen zu anderen Jugendlichen aufnehmen (Müller & Petzold, 2006, S. 31) und nach Situationen suchen, um sich positiv in Peergroups präsentieren zu können, sollte insbesondere in Berufsschulen darauf geachtet werden, viele soziale Begegnungssituationen zu schaffen, die einen Ausbau der sozialen Kompetenzen der Berufsschüler ermöglichen können.

Was kann die bewegte Berufsschule leisten?

Bewegter Unterricht:
- Bewegtes Lernen • fördert soziale Zusammenarbeit
- Entspannungsphasen • ermöglichen gemeinsame Erfahrungen
- Individuelle Bewegungszeiten • schulen die Absprache und Einhaltung von Regeln

Bewegtes Schulleben:
- regt Bewegungs- und Spielsituationen an

Bewegte Pause:
- Aushandeln der Elemente der bewegten Pause • schult soziale Zusammenarbeit
- Sportspiele • fördern soziale Fähigkeiten und das Teamwork

4.1.2 Steigerung des psychischen Wohlbefindens

Nachdem in den vorangegangenen Kapiteln 4.1.1 bis 4.1.1.4 der positive Einfluss der *bewegten Berufsschule* auf die Entwicklung der beruflichen Handlungskompetenz behandelt wurde, werden nachfolgend weitere Argumente für die *bewegte Berufsschule* aufgeführt.

Wohlbefinden ist ein vielschichtiger Begriff, dem zwar keine eindeutige Definition zugewiesen werden kann (Badura 2000, S. 40), der sich jedoch in psychische, physische und soziale Elemente unterteilen lässt (Weltgesundheitsorganisation, 1963, S. 100). Da auf den Einfluss von Bewegung auf den körperlichen und sozialen Zustand der Schüler bereits in den Kapiteln 4.1.1.2 und

4.1.1.4 eingegangen wurde, wird an dieser Stelle der psychische Aspekt des Wohlbefindens in den Fokus der Betrachtungen gestellt.

Zum psychischen Wohlbefinden gehört nach Becker (1991, S. 13 – 16) einerseits das aktuelle Wohlbefinden, das die augenblickliche Befindlichkeit charakterisiert, und andererseits das habituelle Wohlbefinden, das als relativ stabile Eigenschaft angesehen wird. Zum aktuellen Wohlbefinden gehören positive Gefühle (Freude, Kompetenzgefühl, Ausgeglichenheit), eine positive Stimmung (Entspannung, Positive Erregung) und eine aktuelle Beschwerdefreiheit, während sich das habituelle Wohlbefinden mit einer guten psychischen Verfassung, habituellem Glücklichsein und habitueller Lebensfreude umschreiben lässt (Becker, 1991, S. 14).

Bewegung kann sich sowohl auf das aktuelle als auch auf das habituelle Wohlbefinden der Schüler positiv auswirken. Abele und Brehm haben in einer Studie empirisch überprüft, wie sich sportliche Tätigkeit auf die Befindlichkeit der Teilnehmer auswirkt. Im Rahmen ihrer „Befindlichkeitshypothese" kamen sie zu dem Ergebnis, dass durch den Sport das aktuelle Wohlbefinden gesteigert und Missbefinden vermindert werden kann (Abele, Brehm, 1986, S. 288 ff.). Durch körperliche Belastungen wird zudem das Selbstbewusstsein gesteigert und die Selbsteinschätzung verbessert, was sich wiederum positiv auf das habituelle Wohlbefinden auswirkt (Fischer et al., 1998, S. 134).

Ein weiterer positiver Effekt von Bewegung, der im Zusammenhang mit dem psychischen Wohlbefinden nicht unterschätzt werden darf, ist die Stressreduktion. Durch Bewegung können die Erfahrungen im Umgang mit dem eigenen Körper erweitert und körperliche Befindlichkeiten, Anspannung und Entspannung besser empfunden werden (Müller & Petzold, 2006, S. 15). Stresssituationen können somit früher erkannt, und Gegenmaßnahmen, wie z.B. Entspannungsphasen zur Stressbewältigung (Müller & Petzold, 2006, S. 32), früher eingeleitet werden. Durch die Ausschüttung bestimmter Hormone und Stoffwechselprodukte wird durch Bewegung zudem der Cortisolspiegel gesenkt. Positive Auswirkungen auf das aktuelle und habituelle Wohlbefinden der Schüler sind die Folge (Müller & Petzold, 2006, S. 21).

Zusammenfassend lässt sich sagen, dass Sport und Bewegung Gelegenheit geben, sich aktuell wohl zu befinden, indem sie „das tägliche Leben reicher, spannender, aufregender, befriedigender und erfüllter machen, und zugleich helfen sie, im Blick auf die Zukunft langfristiges Wohlbefinden aufzubauen, indem sie durch Lernen, Übung und Training Voraussetzungen entwickeln, die zu den Grundlagen des Wohlbefindens gehören" (Fröhlich, 2000, S. 26).

```
┌─────────────────────────────────────────────────────────────────────┐
│                  Was kann die bewegte Berufsschule leisten?           │
│                                                                       │
│  Bewegter Unterricht:                                                 │
│     •  Auflockerungsminuten •  wirken Ermüdungserscheinungen entgegen │
│     •  Dynamisches Sitzen •  entlastet Wirbelsäule und Muskeln        │
│     •  Entspannungsphasen •  kompensieren psychische Belastungen      │
│     •  Individuelle Bewegungsphasen                                   │
│        •  bewirken Stressreduktion, befriedigen Bewegungsbedürfnis    │
│  Bewegte Pause:                                                       │
│     •  erhöht Schulfreude, fördert das Wohlbefinden, löst Bewegungsstau│
│  Bewegtes Schulleben:                                                 │
│     •  schafft Ausgleich zum Unterricht, fördert Schulfreude          │
│  Bewegte Freizeit/Bewegte Arbeitszeit                                 │
│     •  können zum psychischen Ausgleich beitragen                     │
│                                                                       │
└─────────────────────────────────────────────────────────────────────┘
```

4.1.3 Förderung der persönlichen Gesundheitskompetenz

In der heutigen Zeit, in der die Schüler in einer zunehmend „in ihrem Bewegen eingeschränkten Welt" zurechtkommen müssen, ist es wichtig, dass sie sich „Kompetenzen aneignen, unter den jeweiligen Gegebenheiten Bewegungsaktivitäten selbstbestimmt zu gestalten beziehungsweise Einfluss auf die vorgefundenen Bedingungen zu nehmen" (Müller & Petzold, 2006, S. 11). Diese Kompetenzen, die die Schüler dazu befähigen, ihre Schulzeit, Freizeit und Arbeitszeit selbstständig gesundheitsfördernd zu gestalten, kann man unter dem Begriff *Gesundheitskompetenz* zusammenfassen.

Wesentliches Argument für die Bedeutung der Vermittlung einer persönlichen Gesundheitskompetenz ist die Tatsache, dass Bewegung als Mittel zur Gesundheitsförderung in der Schule alleine nur eine geringfügige Wirkung entfalten kann. Da der überwiegende Teil des Lebens der Schüler außerhalb der Schule stattfindet, müssen die Schüler über Erfahrungen und Gewohnheiten verfügen, die zur selbstständigen Gesundheitsförderung im außerschulischen Bereich befähigen (Regensburger Projektgruppe, 2001, S. 75). Besondere Herausforderung der Berufsschulen ist hierbei die Vermittlung von Kompetenzen zur gesundheitsfördernden Arbeitszeit, die neben der gesundheitsbewussten Gestaltung der Freizeit besonders bedeutsam ist.

Bewegung ist die Grundlage zu sportbezogener Freizeit- (Illi, 1998, S. 7) und Arbeitszeitgestaltung und leistet somit einen wichtigen Beitrag zum gesundheitsförderlichen Alltags- und Arbeitsverhalten. Durch Bewegungs- und Körpererfahrungen sowie durch theoretische Kenntnisse zur Gesundheitsförderung kann Bewegung und Bewegungserziehung in der Schule dazu beitragen, die gesundheitsbezogenen Einstellungen und Handlungsweisen der Schüler nachhaltig positiv zu beeinflussen. Die in der Schule erlernte Gesundheitskompetenz kann dabei als eine wichtige Voraussetzung für eine gesunde Gestaltung von Arbeitszeit und Freizeit der Berufsschüler angesehen werden. Wichtige Aufgabe der Schule ist es, die Heranwachsenden dazu zu befähigen, selbst Verantwortung für die eigene und die Gesundheit anderer zu übernehmen (Regensburger Projektgruppe, 2002, S. 76).

Was kann die bewegte Berufsschule leisten?

Bewegter Unterricht:
- Bewegtes Lernen
  - bietet die Möglichkeit, Erfahrungen mit dem *„Bewegungssinn"* zu sammeln
- Auflockerungsübungen
  - befähigen zur außerschulischen Anwendung der Übungen
- Dynamisches Sitzen
  - befähigt zum dynamischen Sitzen, auch außerhalb der Schule
- Entspannungsphasen
  - befähigen zur eigenständigen Durchführung der Entspannungsphasen
- Individuelle Bewegungszeiten
  - geben Impulse zu deren Ausgestaltung

Bewegte Pause:
- weckt Interesse an Ausübung der jeweiligen Sportarten in der Freizeit

Bewegte Freizeit/Bewegte Arbeitszeit
- vielfältige Impulse für die bewegte Ausgestaltung der Freizeit und des Arbeitsplatzes

4.1.4 Verbesserung des Schulimages

In den vorangegangenen Kapiteln wurde ausführlich beleuchtet, dass sich Sport und Bewegungsaktivitäten in vielerlei Hinsicht positiv auf die Schüler auswirken. Doch nicht nur die Schüler können von diesem Zusammenhang profitieren, sondern die gesamte Schule. Wie gezeigt wurde, kann durch Bewegung die berufliche Handlungskompetenz in all ihren Dimensionen verbessert werden. Eine bessere Handlungskompetenz, also bessere Leistungen und Lernergebnisse der Schüler, erhöhen die Gesamtleistung der Schule im nationalen und internationalen Vergleich und führen somit zu einer Imageaufwertung.

Positive Erfahrungen der Schüler mit der bewegungsorientierten Schule im Hinblick auf die Steigerung ihres psychischen Wohlbefindens, die Förderung ihrer Gesundheitskompetenz und die Verbesserung ihrer schulischen Ergebnisse können diesen Effekt zusätzlich verstärken.

Was kann die bewegte Berufsschule leisten?

Bewegter Unterricht:
- verbessert die berufliche Handlungskompetenz
- fördert das Wohlbefinden
- fördert die Gesundheitskompetenz
- verbessert die schulischen Leistungen

Bewegte Pause:
- fördert das Wohlbefinden
- erhöht die Schulfreude

Bewegtes Schulleben:
- erhöht die Schulfreude

4.2 Die bewegte Berufsschule – Leitfaden zur praktischen Umsetzung

Nachdem im vorangegangenen Kapitel 4.1 die vielfältigen Nutzenaspekte des *Konzepts der bewegten Berufsschule* gezeigt wurden, geht es nachfolgend um dessen Realisierung im schulischen Alltag. Hierzu werden in einem Leitfaden Maßnahmen zur praktischen Umsetzung von Sport- und Bewegungsaktivitäten vorgestellt, die als Anregung zur bewegten Gestaltung der einzelnen Teilbereiche der *bewegten Berufsschule* dienen. Dabei wurde unter anderem auf die Arbeiten von See (2007) und Klausien (2008) zurückgegriffen. Die ausführlichen Beispiele zur praktischen

Ausgestaltung der einzelnen Bereiche sind entweder diesen Arbeiten oder Anhang B zu entnehmen.

Der *Leitfaden zur praktischen Umsetzung der bewegten Berufsschule* ist an die Schulleitung, Lehrkräfte, angehende Lehrkräfte und an die Schüler gerichtet, die zwar den Unterricht nicht planen, sich jedoch bei Interesse mit Hilfe des Leitfadens an ihre Lehrer wenden können, um eine Umsetzung der *bewegten Berufsschule* zu initiieren.

4.2.1 Bewegter Unterricht

Das Hauptaugenmerk bei der Ausgestaltung der einzelnen Teilbereiche der *bewegten Berufsschule* ist auf den *bewegten Unterricht* gerichtet, da dieser Bereich ein großes Potential enthält, erfahrungsgemäß aber auch „die größten Defizite" aufweist (See, 2007, S. 41).

4.2.1.1 Bewegtes Lernen

Bewegtes Lernen bedeutet, dass kognitives Lernen und Bewegung gleichzeitig stattfinden (Müller & Petzold, 2006, S. 41). Die Ziele des bewegten Lernens liegen hauptsächlich in der Erschließung eines zusätzlichen Informationszugangs und in der Optimierung der Informationsverarbeitung, aber auch in der Vermeidung von Haltungskonstanz, der Steigerung der Lernfreude und der Verbesserung der Konzentration.

Die Formen des bewegten Lernens sind vom Lernstoff der einzelnen Fächer abhängig und müssen durch den Fachlehrer geplant, zielgerichtet ausgewählt und eingesetzt werden. Die folgende Übersicht liefert Impulse zur praktischen Umsetzung des bewegten Lernens für verschiedene Fächer berufsbildender Schulen und verweist auf die jeweilige Quelle, in der detaillierte Ausführungen zu den einzelnen Unterrichtsbeispielen zu finden sind.

Fach	Unterrichtsbeispiel	Quelle
Wirtschaftslehre und Rechnungswesen	Bilanz aufstellen	Anhang B
Volkswirtschaftslehre	Der Wirtschaftskreislauf	See, 2007, S. 46
Allgemeine Einführung	Erkundungsaufträge	See, 2007, S. 74
Volkswirtschaft	Marktformen	See, 2007, S. 75
Rechnungswesen	Geschäftsfälle buchen	See, 2007, S. 76

Tabelle 4 – Unterrichtsbeispiele für bewegtes Lernen (nach See, 2007)

4.2.1.2 Dynamisches Sitzen

Die Schüler berufsbildender Schulen verbringen die größte Zeit ihres Schulalltages im Sitzen. Dauerhaftes Sitzen ist jedoch mit negativen Auswirkungen verbunden, die von Müller & Petzold (2006, S. 69) in Anlehnung an Breithecker (1996, S. 11-17) zusammengefasst wurden. Zu langes Sitzen führt demnach zu

* einseitiger Beanspruchung des Muskel- und Bandapparates und dadurch zur Erschlaffung oder Verkürzung der Muskeln

* Verformung der [teilweise] noch wachsenden Wirbelsäule und Entstehung von Haltungsschwächen

* Minderversorgung der Bandscheiben und dadurch zum erhöhten Belastungsdruck sowie zur degenerativen Verformung

* Einengung des Brust- und Bauchraumes und damit zur Funktionsbeeinträchtigung der Atmungs- und Verdauungsorgane

* Behinderung der Durchblutung mit der Folge einer schlechten Sauerstoffversorgung für das Gehirn

Dynamisches Sitzen kann diesen Belastungen entgegenwirken, indem die Sitzposition und die Arbeitshaltung häufig gewechselt werden (Müller & Petzold, 2006, S. 70). Hierzu eignet sich insbesondere die Variation zwischen folgenden Sitzhaltungen:

1. Hintere Sitzhaltung (ist sehr gut beim Zuhören realisierbar)
2. Mittlere Sitzhaltung (Standardhaltung bei Diskussionen, Gruppenarbeit etc.)
3. Vordere Sitzhaltung (gut geeignet für handschriftliche Arbeiten)

Die Bilderreihe zu den Sitzhaltungen ist dem Anhang B unter der Überschrift *„Dynamisches Sitzen"* zu entnehmen.

4.2.1.3 Auflockerungsminuten

Unter Auflockerungsminuten kann eine kurzzeitige Unterbrechung des Unterrichts mit teilweise angeleiteten, zunehmend aber auch selbstständig ausgeführten Bewegungsübungen verstanden werden, die Ermüdungserscheinungen entgegenwirkt und die Konzentration fördert (Müller & Petzold, 2006, S. 84). Für die Auflockerungsminuten eignen sich Übungen, die neben diesen

43

Vorteilen auch eine präventive beziehungsweise kompensatorische Funktion erfüllen, indem sie die durch langes Sitzen beanspruchte Muskulatur dehnen beziehungsweise kräftigen. Folgende Tabelle von dem Thüringer Institut für Lehrerfortbildung, Lehrplanentwicklung und Medien (Thillm) liefert einen Überblick über die beanspruchten Körperregionen der Berufe der Tätigkeitsgruppe „Sitzen"[9], die mit denen der Schüler berufsbildender Schulen größtenteils übereinstimmen, da sie, wie oben erwähnt, die größte Zeit ihres Schulalltages im Sitzen verbringen.

	Beanspruchung	mögliche Folgen	Prävention/ Kompensation
Nacken/Hals	muskuläre Überlastung durch monotone Haltearbeit (Kopf)	Verspannungen und teilweise Verhärtungen der Nacken- und Halsmuskulatur	Dehnung
Schulter	muskuläre Überlastung durch monotones Halten und Bewegen der Arme	Verspannungen in der Schultermuskulatur	Dehnung
Arme/Hände	Überwiegend abgestützt; starker Zug auf angesetzte Sehnen	Verspannungen in den Unterarmen; Sehnenscheidenentzündung	Dehnung
Brust	Dauerspannung mit geringen Kräften	Verkürzung der Brustmuskulatur; Ausbildung eines Rundrückens	Dehnung
Rücken	muskuläre Überlastung durch ständige Haltearbeit	Verspannung der tiefen Rückenstrecker	Dehnung
Bauch	muskuläre Unterbeanspruchung durch fehlende aktive Haltearbeit	Erschlaffung und teilweise Verkürzung der Bauchmuskulatur	Kräftigung

Tabelle 5 – Analyse der Beanspruchungen Bürokaufmann/Bürokauffrau (in Anlehnung an das Thillm, 2005)

Der für diesen Leitfaden zur Umsetzung der *bewegten Berufsschule* ausgewählte Übungskomplex (Bundesministerium für Gesundheit, 2009) umfasst Übungen zur Prävention und Kompensation aller aufgeführten Beanspruchungen.

Dazu gehört jeweils eine Übung für

- die Halswirbelsäule
- den Schultergürtel
- den Schultergürtel und die Brustwirbelsäule
- die Lendenwirbelsäule
- die Arme, Hände und Finger

---

[9] Unterscheidung nach Thillm, 2005

Eine detaillierte Übersicht der Übungen mit den dazugehörigen Übungsbeschreibungen sind dem Anhang B unter der Überschrift „Auflockerungsminuten" zu entnehmen.

4.2.1.4 Entspannungsphasen

Berufsschüler sind sowohl in der Schule als auch in der Arbeitswelt hohen psychischen Belastungen ausgesetzt. Kurze Unterbrechungen des Unterrichts in Form von Entspannungsphasen können helfen, diese Belastungen zu kompensieren. Zur Durchführung der Entspannungsphasen an Berufsschulen eignen sich die Übungsfolgen der progressiven Muskelrelaxation nach Jacobson (2006), bei der durch die bewusste An- und Entspannung bestimmter Muskelgruppen ein Zustand tiefer Entspannung im ganzen Körper erreicht wird. Der Leitfaden zur praktischen Umsetzung der *bewegten Berufsschule* (Anhang B) beinhaltet Übungen zu folgenden Muskelgruppen:

- Arme
- Beine
- Schultern
- Nacken und Hals
- Bauch

Eine umfangreiche Darstellung der Übungen von Jacobson (2006) sind dem Anhang B unter der Überschrift „Entspannungsphasen" beziehungsweise der Diplomarbeit von Klausien (2008, S. 62 - 66) zu entnehmen.

4.2.1.5 Individuelle Bewegungszeiten

Bei der Ausgestaltung der Bewegungszeiten ist zu beachten, dass die Schüler Bewegungsangebote differenziert bewerten und zu unterschiedlichen Zeiten nutzen wollen. Daher ist es notwendig, ihnen Freiräume für individuelle und weitgehend selbstbestimmte Bewegungsaktivitäten im Unterricht zu gewähren (Müller & Petzold, 2006, S. 170).

Grundlegende Ziele individueller Bewegungszeiten sind dabei unter anderem

- Bewegungsbedürfnis befriedigen

- psychische Entlastung, Stressreduktion

- Arbeitshaltung verändern, konstante Haltungsmuster auflösen

Aufgrund der hohen Affinität zu Computerspielen seitens der Berufsschüler (Klausien, 2008, S. 51) und dem umfangreichen Angebot an Übungen stellt Klausien (2008) die Spielekonsole Nintendo Wii® als Möglichkeit zur praktischen Umsetzung individueller Bewegungszeiten vor. Besonderheit der Nintendo Wii® ist, dass der Spieler im Vergleich zu herkömmlichen Spielekonsolen nicht passiv, sondern aktiv als Steuerungsinstanz fungiert, indem seine Bewegungen durch Sensoren an die Konsole weitergeleitet werden. Die Umsetzung kann praktisch in jedem Klassenraum erfolgen. Die Nintendo Wii® wird mit einem Fernseher zum Beispiel in einer Ecke aufgestellt und kann von aktuell bewegungsbedürftigen Schülern unter Einhaltung vorher vereinbarter Regeln individuell genutzt werden.

Unter anderem folgende Bewegungsaktivitäten lassen sich mit der Nintendo Wii® realisieren und könnten als Anregung zu Umsetzung individueller Bewegungszeiten fungieren:

- Yoga

- Muskelübungen

- Aerobic

Eine nähere Erklärung dieser Bewegungsaktivitäten mit den dazugehörigen Bildern erfolgt im Leitfaden zur Umsetzung der *Bewegten Berufsschule* (Anhang B) unter der Überschrift „Individuelle Bewegungszeiten".

4.2.2 Bewegte Pause

Eine *bewegte Pause* kann bei den Berufsschülern unter anderem den Bewegungsstau lösen, das Wohlbefinden fördern, die Schulfreude erhöhen (Müller & Petzold, 2006, S. 180) und die koordinativen und konditionellen Fähigkeiten verbessern. Daher ist es sinnvoll, bewegte Pausen in das schulische Bewegungsangebot zu integrieren.

Bei der Ausgestaltung der bewegten Pause muss in Berufsschulen folgendes beachtet werden:

46

- Die Schüler sollten ein Mitspracherecht bei der Ausgestaltung der bewegten Pause bekommen.

- Die Schüler gehören höheren Klassen an und sind daher eher durch sportliche Aktivitäten mit verstärktem Freizeitbezug zum Bewegen in den Pausen zu aktivieren (Müller & Petzold, 2006, S. 181).

- Bewegte Pausen bedürfen der Absprachen und Regeln, die gemeinsam mit den Schülern aufzustellen und von allen einzuhalten sind (Müller & Petzold, 2006, S. 181).

Folgende Beispiele können als Vorschläge zur Umsetzung der bewegten Pause in Berufsschulen dienen:

- Sportspiele (Anhang B unter „Bewegte Pause")

- Nintendo Wii®(Anhang B unter „Bewegte Pause")

- Parkour in der offenen Turnhalle

  Parkour ist eine Trendsportart, bei der es darum geht, auf schnellstem Wege und ohne Hilfsmittel seine Umwelt mit fließenden Bewegungen zu durchqueren. Der Sport ist unter Jugendlichen sehr beliebt und lässt sich auch in Schulpausen gut umsetzen. Aus Bänken, Matten und Seilen können die Schüler schnell einen Hindernisparcours zusammenstellen, den es im Anschluss zu überwinden gilt.

- Bouldern

  Bouldern nennt man das (horizontale) Klettern ohne Seil und Gurt an Blöcken oder Wänden in Absprunghöhe. Für eine bewegte Pause bietet sich Bouldern an, da es koordinative und konditionellen Fähigkeiten ausbildet, praktisch an jeder Hauswand zu realisieren ist, und zudem unter Jugendlichen sehr beliebt ist. Hier ist es sinnvoll, einen freiwilligen Verantwortlichen aus den Reihen der Schüler zu suchen, der über Erfahrungen im Bouldern verfügt und das Klettern an der Boulderwand einführen und überwachen kann.

4.2.3 Bewegtes Schulleben

Mit dem *bewegten Schulleben* soll in Berufsschulen dazu beigetragen werden, einen Ausgleich zum Unterricht zu schaffen, einen Beitrag zur Förderung und Bewahrung der Schulfreude zu leisten, und wenn möglich praktische Erfahrungen im Wirtschaftsleben zu sammeln.

Als praktische Beispiele des bewegten Schullebens bieten sich unter anderem folgende Möglichkeiten an:

- Exkursion zu einem nahegelegenen Fitnessstudio (Anhang B unter „Bewegtes Schulleben")
- Exkursion zu einem Ausbildungsbetrieb (Anhang B unter „Bewegtes Schulleben")
- Zusätzliche Qualifikationsmöglichkeiten für die Schüler (Übungsleiterschein, Rettungs-schwimmer, Erste-Hilfe-Nachweise)

4.2.4 Bewegte Freizeit/Bewegte Arbeitszeit

Bewegte Freizeit

Ein Hauptanliegen des Konzeptes der bewegten Schule ist es, die Schüler zum Bewegen in der Freizeit anzuregen (Müller & Petzold, 2006, S. 217).

Dies kann unter anderem gelingen, indem

- unterschiedliche Sportarbeitsgemeinschaften angeboten und betreut werden,
- zur Teilnahme an Sportwettkämpfen angeregt wird,
- Spiel- und Sportfeste durchgeführt werden und
- Anregungen für das Sporttreiben im Verein/im Fitnessstudio gegeben werden (vgl. Müller & Petzold, 2006, S. 217).

Bewegte Arbeitszeit mit dem Konzept des bewegten Betriebes

Der *bewegten Arbeitszeit* wird im *Konzept der bewegten Berufsschule* eine besondere Bedeutung beigemessen, da Berufsschüler einen Großteil ihrer außerschulischen Zeit am Arbeitsplatz verbringen. Eine bewegte Gestaltung der Arbeitszeit ist für die Gesundheit der Auszubildenden wie für die aller andern Akteure im Betrieb von großer Bedeutung und kann zudem zur Erfüllung unternehmerischer Ziele beitragen. Im nachfolgenden Kapitel 4.3 werden die Nutzenaspekte betrieblicher Gesundheitsförderung zusammengefasst, und es wird deutlich gemacht, dass das

Konzept des bewegten Betriebes ein geeignetes Instrument ist, Maßnahmen zur praktischen Umsetzung von Bewegungsaktivitäten zu realisieren.

Eine bewegte Ausgestaltung der einzelnen Teilbereiche des *bewegten Betriebes* erfolgt dann im Kapitel 4.4. im Zusammenhang mit der Erstellung des Leitfadens zur praktischen Umsetzung des *bewegten Betriebes.*

4.3 Der bewegte Betrieb – Leitfaden zur Legitimation

Betriebliche Gesundheitsförderung ist für die Unternehmen keine selbstverständliche Aufgabe, sondern eine freiwillige Leistung, die mit der Aufwendung betrieblicher Ressourcen verbunden ist. Da betriebliche Ressourcen begrenzt sind und ihr Einsatz nur bei Aussicht auf einen wirtschaftlichen Gewinn erfolgt, ist betriebliche Gesundheitsförderung aus ökonomischer Sicht für die Unternehmen theoretisch nur dann sinnvoll, wenn der Nutzen die Kosten übertrifft.

„Viele Arbeitgeber wissen kaum etwas über die Gesundheit und die gesundheitlichen Risiken der eigenen Mitarbeiter, weshalb sie auch nicht gegensteuern. Eine Ursache hierfür ist die Unwissenheit über Kosten und Nutzen"

(Deutsche Verkehrs-Zeitung 2008, S. 1).

Ein geeignetes Mittel, Führungskräfte und Verantwortliche der Personalentwicklung von diesem „betriebswirtschaftlichen Blindflug" (Deutsche Verkehrs-Zeitung 2008, S. 1) abzubringen, ist daher die Aufklärung über den Nutzen betrieblicher Gesundheitsförderung. Obwohl dieser schwer erfassbar und darstellbar ist, berichten Unternehmen, die betriebliche Gesundheitsförderung seit Jahren in ihre Unternehmensstrategie und –kultur integriert haben, von deutlichen und nachhaltigen Erfolgen (Lück, Eberle, Bonitz, 2009, S. 77). Eine Vielzahl von Studien und Erfahrungen belegen diese Erfolge und werden im Folgenden herangezogen, um Transparenz über die vielfältigen Nutzenaspekte der betrieblichen Gesundheitsförderung herzustellen und Entscheidungsträger zu einem Umdenken zu animieren. Dabei liegt eine besondere Herausforderung darin, diejenigen Verantwortlichen zu überzeugen, deren Betriebe bislang noch keine betriebliche Gesundheitsförderung eingeführt haben und somit auf diesem Gebiet noch keine positiven Erfahrungen sammeln konnten.

Ziel dieses Leitfadens ist es, Unternehmen davon zu überzeugen, Maßnahmen der betrieblichen Gesundheitsförderung zunehmend in ihre Unternehmensphilosophie zu integrieren und hierfür den *bewegten Betrieb* als geeigneten Maßnahmenkatalog zu erkennen. Hierzu werden acht verschiedene Nutzenaspekte vorgestellt, die bereits im Fokus unternehmerischer Interessen an Gesundheitsförderung stehen (AOK-Bundesverband, 2004, S. 2) beziehungsweise das größte Nutzenpotential versprechen. Dabei zeigt sich, dass die einzelnen Aspekte nicht isoliert voneinander zu betrachten sind, sondern sich gegenseitig bedingen und verstärken.

Im Anschluss an jeden dieser Nutzenaspekte wird in einer Box stichpunktartig aufgezeigt, welche Maßnahmen im *bewegten Betrieb* ergriffen werden, um die genannten Vorteile der betrieblichen Gesundheitsförderung in die Praxis umzusetzen. Der Leitfaden richtet sich dabei an Führungskräfte, Personalverantwortliche, Angestellte und Auszubildende.

4.3.1 Reduktion von Fehlzeiten

Als *Fehlzeiten* im Unternehmen werden definitionsgemäß solche Ausfallzeiten verstanden, „an denen der Arbeitnehmer aus persönlichen Gründen abwesend ist" (Breucker, Schröder, 1998, S. 2). Ist ein Arbeitnehmer abwesend, so muss der Betrieb auf seine Arbeitskraft verzichten; Produktionsausfall und letztlich steigende Kosten sind die Folge.

Die Verringerung von Fehlzeiten gehört für die Unternehmen mit 81 Prozent zu den wichtigsten Gründen, betriebliche Gesundheitsförderung durchzuführen (AOK Bundesverband, 2004, S. 2). Nach einer Studie von Weinreich und Weigl (2002) liegt diese Zahl mit knapp 90 Prozent sogar noch höher (Weinreich, Weigl, 2002, S.26).

Vielfältige Bekämpfung der Ursachen für Fehlzeiten

Betriebliches Gesundheitsmanagement ist in der Lage, den Ursachen für Fehlzeiten auf verschiedenen Ebenen erfolgreich entgegenzuwirken. Diese Ursachen sind vielfältig, lassen sich jedoch grundsätzlich in die Bereiche *Krankenstand* und *Absentismus* untergliedern. Während der Krankenstand als Abwesenheit vom Arbeitsplatz bezeichnet wird, die auf eine vom Arzt attestierte echte Arbeitsunfähigkeit zurückzuführen ist (Schwendenwein, 1997, S. 19), liegt Absentismus dann vor, wenn die Fehlzeiten durch attestierte, jedoch ungerechtfertigte Arbeitsunfähigkeit entstehen (Schwendenwein, 1997, S. 111).

Maßnahmen der betrieblichen Gesundheitsförderung wirken beiden Entstehungsherden für Fehlzeiten entgegen. Zum einen wird die physische[10] und psychische[11] Verfassung der Mitarbeiter verbessert, zum anderen werden bei den Mitarbeitern auf motivationaler Ebene Erfolge erzielt[12], die einen Rückgang der durch Absentismus verursachten Fehlzeiten bewirken. Durch die Vermittlung einer Gesundheitskompetenz, die über den Betrieb hinaus in das Privatleben getragen wird, kann es zudem gelingen, die vom Arbeitsplatz unabhängigen Ursachen für Fehlzeiten zu bekämpfen[13].

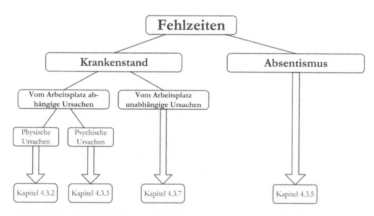

Abbildung 10 – Arten von Fehlzeiten und ihre Ursachen (in Anlehnung an Nieder, 1998, S. 43)

Abbildung 10 liefert einen Überblick über die verschiedenen Ursachen für Fehlzeiten und die Kapitel, in denen sie jeweils behandelt werden.

Rückgang der Kosten durch Reduktion von Fehlzeiten

Fehlzeiten verursachen enorme Kosten für die Betriebe. Laut Personal Magazin (April, 2002, S. 28) verursacht jeder Tag, den ein Mitarbeiter fehlt, beim Arbeitgeber Kosten zwischen 200 und 400 Euro, die sich in direkte und indirekte Kosten unterteilen lassen. Als direkte Kosten werden jene Kosten verstanden, die durch Entgeltfortzahlungen im Krankheitsfall entstehen. Sie betrugen im Jahr 2007 in Deutschland 29,9 Milliarden Euro (Institut der deutschen Wirtschaft, 2008, S.

---

[10] Vgl. dazu Kapitel 4.3.2
[11] Vgl. dazu Kapitel 4.3.3
[12] Vgl. dazu Kapitel 4.3.5
[13] Vgl. hierzu Kapitel 4.3.7

1). Indirekte Kosten sind Aufwendungen als Folge von krankheitsbedingten Ausfallzeiten, die hauptsächlich auf zusätzlichen Planungs- und Organisationsaufwand zurückzuführen sind. Sie belaufen sich auf etwa 70 bis 100 Prozent der direkten Kosten (Schwendenwein, 1997, S. 101). Je nach Länge der Fehlzeit entstehen bei der Rückkehr der Mitarbeiter zusätzliche Kosten bei der Wiedereinarbeitung: „Wenn Mitarbeiter nach einer längeren Krankheit an den Arbeitsplatz zurückkehren, beginnen sie in der Regel mit einer deutlich verminderten Produktivität" (Jancik, 2002, S. 39).

Chapman belegt in einer Studie über die Einsparungen durch Maßnahmen betrieblicher Gesundheitsförderung (in Kramer, I., Sockoll, I., Bödeker, W., 2009, S. 72ff.), dass Unternehmen, die betriebliche Gesundheitsförderung praktizieren, die krankheitsbedingten Fehlzeiten um 26,8 Prozent verringern konnten.

Was kann der bewegte Betrieb leisten?

- steuert Fehlzeiten nicht nur punktuell entgegen, sondern ist ganzheitlich ausgelegt
- setzt an allen aufgezeigten Ursachen an, um die Fehlzeiten zu senken
- trägt durch die vielseitige Bekämpfung der Fehlzeiten erheblich zur Senkung der direkten und indirekten Kosten bei

---

4.3.2 Vorbeugen und Reduzieren arbeitsbedingter körperlicher Belastungen

Trotz des Trends von einer Industriegesellschaft hin zu einer Dienstleistungsgesellschaft sind Arbeitsplätze mit körperlich anstrengenden und belastenden Arbeitsbedingungen nach wie vor weit verbreitet (EU-Osha, zitiert in Sporrer, S. 8). In diesem Zusammenhang differenziert das Thillm (2005) zwischen vier verschiedenen berufstypischen Belastungsprofilen:

- Sitzen (jegliche Büroberufe)
- Stehen und Gehen (Fließbandarbeiter, Friseur…)
- Heben und Tragen von Lasten (Maurer, Gärtner…)
- Besondere koordinative Anforderungen

Da heute mehr als zwei Drittel der Beschäftigten im Dienstleistungsbereich tätig sind und somit 80 bis 85 Prozent der täglichen Arbeitszeit im Sitzen stattfindet (Wittig-Goetz, 2000) wird der Fokus im Folgenden auf die Büroberufe, also auf die Belastungen durch sitzende Tätigkeiten gelegt.

Reduktion physisch bedingter Fehlzeiten

Im Bereich der *physisch bedingten Fehlzeiten* sind die Krankheiten des Muskel-Skelett-Systems am häufigsten vertreten. Laut Bericht der Bundesregierung (2006, S. 29) gehen fast ein Viertel aller Arbeitsunfähigkeitstage auf Erkrankungen des Bewegungsapparates zurück. Zu diesen gehören unter anderem Rückenerkrankungen (über 50 Prozent), Erkrankungen der Gelenke, Erkrankungen des Bindegewebes sowie Erkrankungen der Knochen und Knorpel (Bundesanstalt für Arbeitsschutz und Arbeitsmedizin 2004, S. 10).

Betriebliches Gesundheitsmanagement hilft nachweislich, die Anzahl der Muskel-Skelett-Erkrankungen zu senken. So werden in der Studie des AOK-Bundesverbandes (2007, S. 29) „erhebliche Verbesserungen insbesondere bei Muskel- und Skeletterkrankungen" durch das betriebliche Gesundheitsmanagement hervorgehoben, die unter anderem auf ergonomische Verbesserungen zurückzuführen sind. Betriebliches Gesundheitsmanagement führt dadurch zu verminderten körperlichen Belastungen, weniger Rückenschmerzen und letztlich zu geringeren Ausfällen (AOK-Bundesverband, 2007, S. 29).

Nach den Muskel-Skelett-Erkrankungen sind Herzkreislauferkrankungen mit 6,3 Prozent häufigste Ursache für physisch bedingte Arbeitsunfähigkeitstage (Bericht der Bundesregierung, 2006, S. 29). Hierzu gehören vor allem Bluthochdruck (Hypertonie), Ischämische Herzkrankheiten (Herzinfarkt...) sowie Herzklappenerkrankungen und Herzmuskelentzündungen.

Betriebliches Gesundheitsmanagement bewirkt eine Verringerung der Anzahl der Herzkreislauferkrankungen. So werden „durch regelmäßige, sportmethodisch begründete körperliche Trainingsprogramme in Form von Gymnastik und Stretching, Bewegungen, Wandern und Kraftübungen insbesondere das Herz-Kreislauf-System und der Bewegungsapparat stabilisiert" (Meifert & Kesting, 2004, S. 174).

Senkung der Frühverrentungskosten

Die „Health Benefits-Studie" von Mercer (2008) sieht den demografischen Wandel und die damit verbundene Verschiebung der Mitarbeiteraltersstrukturen als eine der Hauptmotivationen für Unternehmen, betriebliches Gesundheitsmanagement einzuführen.

„Betriebliche Präventions- und Gesundheitsförderungsmaßnahmen können langfristig die Reduzierung von chronischen Erkrankungen bewirken, die als Hauptursache für die Frühverrentung gelten" (Sporrer, 2004, S.45). Betriebliche Gesundheitsförderung führt somit zu einer Senkung der Frühverrentungskosten.

Was kann der bewegte Betrieb leisten?

Bewegter Arbeitsplatz
- Ergonomische Arbeitsplatzgestaltung • Verbesserung der Haltung am Arbeitsplatz
- Bewegungsförderung am Arbeitsplatz • Kräftigung der belasteten Muskulatur
- Dynamisches Sitzen • Entlastung des Rückens und der Muskeln

Bewegte Pause/Bewegter Arbeitsweg
- Bewegte Gestaltung von Pause und Arbeitsweg

Bewegtes Arbeitsleben
- Betriebssportgruppen, Betriebsausflüge

4.3.3 Vorbeugen und Reduzieren arbeitsbedingter psychischer Belastungen

„In den vergangenen zehn Jahren hat es eine Verschiebung von den klassischen körperlichen Erkrankungsgefahren hin zu einer gestiegenen geistigen und sozialen Belastung für die Arbeitnehmer gegeben" (Hans Jürgen Bieneck, Präsident der Bundesanstalt für Arbeitsschutz und Arbeitsmedizin, zitiert in Böhnke, 2005, S. 1).

Ein Schwerpunkt der betrieblichen Gesundheitsförderung liegt daher auf der Minimierung der durch *psychische Belastungen* beruhenden Fehlzeiten, wobei ein wesentlicher Aspekt die Steigerung des Wohlbefindens ist.

<u>Reduktion psychisch bedingter Fehlzeiten</u>

Da sich rund 10 Prozent der Produktionsausfälle auf *psychisch bedingte Fehlzeiten* zurückführen lassen und die Zunahme der psychischen Erkrankungen bei Arbeitsunfähigkeit zudem seit Jahren ungebrochen ist (BKK-Bundesverband, 2008, S. 74) und wohl auch in Zukunft sein wird (BKK-Bundesverband, 2008, S. 18), befasst sich modernes Gesundheitsmanagement verstärkt mit der Bekämpfung der Ursachen psychischer Belastungen.

Größte Quelle für psychische Fehlbelastungen ist laut dem BKK-Bundesverband (2008, S. 74) mit rund 40 Prozent der Arbeitsplatz. Am Arbeitsplatz gibt es eine Reihe von Ursachen für psychische Belastungen, die auch als Stressoren bezeichnet werden. Zu den häufigsten Stressoren gehören unter anderem (BKK-Bundesverband, 2008, S. 74 sowie Wagner-Link, 2009, S. 8):

- Ständiger Zeitdruck/Überforderung

- Zu geringer Handlungsspielraum

- Konflikte mit Vorgesetzten oder Kollegen

- Bewegungsmangel

- Fehlende Erholungszeiten

Betriebliches Gesundheitsmanagement ist in der Lage, die psychisch bedingten Fehlzeiten zu senken, indem die oben genannten Stressoren vermieden beziehungsweise bekämpft werden. Da sich pauschale Empfehlungen für die Prävention und den Umgang mit Stress nach Ansicht von Fachleuten jedoch selten geben lassen (BKK-Bundesverband, 2008, S. 89), kann betriebliches Gesundheitsmanagement nur dann erfolgreich sein, wenn es flexibel und vielfältig auf die verschiedenen Stressoren reagiert, um so durch Steigerung des Wohlbefindens zur psychischen Gesundheit der Arbeitnehmer beizutragen:

<u>Steigerung des Wohlbefindens</u>

Die Weltgesundheitsorganisation definiert *psychische Gesundheit* als „Zustand des Wohlbefindens, in dem der Einzelne seine Fähigkeiten ausschöpfen, die normalen Lebensbelastungen bewältigen, produktiv und fruchtbar arbeiten kann und imstande ist, etwas zu seiner Gemeinschaft beizutragen" (World Health Organization zitiert in Kirch, S. 510). In diesem Sinne ist das *Wohlbefinden* eines Arbeitnehmers Grundvoraussetzung, damit er sein volles Leistungspotential abrufen kann. Auch wenn dem Begriff Wohlbefinden keine eindeutige Definition zugewiesen werden kann, lässt er sich stark vereinfacht als eine Art Selbstwertgefühl, Lebenszufriedenheit oder positive Wertschätzung der sozialen Umwelt umschreiben[14] (Badura 2000, S. 40).

Betriebliche Gesundheitsförderung ist in der Lage, das Wohlbefinden und somit die Arbeitsleistung (Lückheide & Großmann, 2003, S. 36) sowie die Produktivität (Bedner, K., 2001, S. 168) des Unternehmens zu steigern, indem unter anderem der Zusammenhalt der Beschäftigten durch gemeinsame Freizeitbeschäftigungen gestärkt wird, und Sport und Bewegungsangebote bereitgestellt werden, die den physischen und psychischen Belastungen entgegenwirken (vgl. Sydänmaanlakka, Antell, 2000, S. 42 - 45).

Was kann der bewegte Betrieb leisten?

Bewegter Arbeitsplatz
- Mehr Bewegung und gesundes Sitzen am Arbeitsplatz • Stressvermeidung

Bewegte Pause
- Hinweise zur stressbewältigenden Pausengestaltung

Bewegtes Arbeitsleben
- Gemeinsame Sportaktivitäten und Betriebsausflüge • besseres Teamklima
- Gesundheitskompetenz der Mitarbeiter • Besseres Stressmanagement

Bewegte Freizeit
- Anregungen für Sportarten, die unter anderem zur Stressbewältigung geeignet sind

---

4.3.4 Produktivitätssteigerung

Der produktive Einsatz vorhandener Ressourcen war schon immer entscheidendes Kriterium für den wirtschaftlichen Unternehmenserfolg und hat vor dem Hintergrund der aktuellen Weltwirtschaftskrise weiter an Bedeutung gewonnen. Betriebliches Gesundheitsmanagement wird zu Recht oftmals mit positiven Auswirkungen auf die Produktivität in Verbindung gebracht. So schätzt über die Hälfte der 212 befragten Unternehmen einer Studie des AOK-Bundesverbandes den Nutzen der betrieblichen Gesundheitsförderung in Bezug auf die Produktivität der Mitarbeiter als „hoch" beziehungsweise „sehr hoch" ein (AOK Bundesverband, 2007, S. 34). In der Health Benefits-Studie von Mercer (2007), in der Personalverantwortliche verschiedener Unternehmen gefragt wurden, ob sich betriebliches Gesundheitsmanagement bezüglich der

---

[14] genauere Ausführungen zum Wohlbefinden (insbesondere zum psychischen Wohlbefinden) sind dem Kapitel 4.1.2 zu entnehmen

Produktivität rentiert, wird dieser Wert mit 84 Prozent sogar noch übertroffen (Mercer, 2007, S. 3).

Die Produktivität ist „das Verhältnis zwischen dem mengen-, beziehungsweise wertmäßigen Produktionsergebnis und den Einsatzmengen oder den Kosten der Produktionsfaktoren" (Adams, 2009). Folglich ist die Produktivität maßgeblich von den zwei Determinanten Produktions*ergebnis* und Produktions*faktoren* abhängig.

Reduktion der Kosten des Produktionsfaktors Arbeit

„Etwa 70 Prozent des Sozialproduktes in den ökonomisch hoch entwickelten Ländern beruht auf menschlicher Arbeitskraft. Da der menschliche Anteil weiter zunehmen wird, wird jeder einzelne noch stärker als früher zur wichtigsten Produktionsreserve der Volkswirtschaft" (Nefiodow, 1996, S. 128). Durch betriebliche Gesundheitsförderung sinken die Kosten des Produktionsfaktors Arbeit pro Zeiteinheit. Neben der oben genannten Senkung von Fehlzeiten wird dies durch eine gesteigerte Leistungsfähigkeit aufgrund erhöhter Energiebereitstellung des Körpers erreicht. Gröben (2001, S. 51) stellt heraus, dass betriebliche Fitnessprogramme zu einer verbesserten körperlichen Energiebereitstellung führen, aus der eine erhöhte Ermüdungsresistenz hervorgeht. Ähnliche Erfolge lassen sich für die Energiebereitstellung im Gehirn feststellen. Insbesondere durch Maßnahmen, in denen die Bewegung im Vordergrund steht, kann eine Verbesserung der Aktivität des Gehirns erzielt werden. Wie bereits in Kapitel 4.1.1.1 erwähnt, gilt es als wissenschaftlich gesichert, dass die Hirndurchblutung bei einer körperlichen Belastung von 25 Watt um 13,5 Prozent gesteigert wird (Fischer, 1998, S. 134). Dies bewirkt eine bessere Sauerstoffversorgung und Energiebereitstellung im Gehirn und somit eine Steigerung der aktuellen kognitiven Leistungsfähigkeit und Gedächtnisfähigkeit. Bereits ein langsamer Spaziergang verbessert die Hirndurchblutung und somit die Sauerstoffversorgung und den Energiestoffwechsel im Gehirn (Dickreiter, 1997, S. 15).

Verbesserung des Produktionsergebnisses

Gesundheitsfördernde Prozesse führten bei 35 Prozent der befragten Unternehmen des AOK Bundesverbandes (2004) zu einer Senkung der Fehler- und Ausschussquote[15] (AOK Bundesverband, 2004, S. 34). Ein knappes Drittel der befragen Unternehmen berichtete über

---

[15] aussortierte, fehlerhafte, minderwertige Produkte, Werkstoffe, Werkstücke, Waren

Produktverbesserungen und Qualitätssteigerungen, wobei hier speziell ein Anstieg der Servicequalität und der Produktinnovationen verbucht werden konnte (AOK Bundesverband, 2004, S. 34). Dies wurde insbesondere durch Verbesserung der Kommunikation, Steigerung der Motivation und eine höhere Einsatzbereitschaft der Belegschaft erreicht. Demzufolge bewerten mehr als 60 Prozent der Handel- und Dienstleistungsunternehmen die „Steigerung von Kundenzufriedenheit" als wirtschaftlichen Nutzen des betrieblichen Gesundheitsmanagements (Lück, P., Eberle, G., Bonitz, D., 2009, S. 80). Zusätzlich werden störungsfreie Abläufe gesichert, die guten Service und Termintreue bewirken. Unterm Strich führt betriebliches Gesundheitsmanagement zu einer höheren Beratungs- und Dienstleistungsqualität, was wiederum die Zufriedenheit der Kunden, Klienten oder Bürger verbessert und stabile Kundenbeziehungen entstehen lässt (Lück, P., Eberle, G., Bonitz, D., 2009, S. 82).

Was kann der bewegte Betrieb leisten?

Bewegter Betrieb generell
- Vermeidung längerer Fehlzeiten • Erhaltung der Produktivität

Bewegter Arbeitsplatz
- Ergonomische Arbeitsplatzgestaltung • Beibehaltung der Leistungsfähigkeit
- Tipps für einen bewegten Arbeitsplatz • Senkung der Fehlzeiten
- Dynamisches Sitzen • Steigerung des Wohlbefindens

Bewegte Pause/Bewegter Arbeitsweg
- Gemeinsame Sportaktivitäten • Verbesserung des Teamklimas / der Motivation

Bewegtes Arbeitsleben
- Betriebssportgruppen • Verbesserung des Teamklimas / der Motivation

---

4.3.5 Motivationssteigerung

Die *Motivation* oder Leistungsbereitschaft gibt an, „inwieweit der Mitarbeiter bereit ist, dem Unternehmen sein Leistungsvermögen zur Verfügung zu stellen" (Sporrer, 2004, S. 33). Unternehmen profitieren also von einem erhöhten Leistungsvermögen, wenn es ihnen gelingt, die Motivation ihrer Mitarbeiter zu steigern.

Dies gelingt zum Beispiel durch Betriebsausflüge oder Betriebssportgruppen, in denen soziale Kontakte vertieft werden und sich das Teamklima verbessert. Das erkennbare Interesse des Unternehmens an der Gesundheit seiner Mitarbeiter und das Gewähren von Freiräumen, zum

Beispiel für individuelle Auflockerungsübungen, tragen das Ihre zur Verbesserung der Motivation bei.

Ein großer Anteil der durch betriebliches Gesundheitsmanagement bewirkten Steigerung der Produktivität (Kapitel 4.3.4) und Verringerung der durch Absentismus bedingten Fehlzeiten (Kapitel 4.3.1) ist auf diese Motivationssteigerung zurückzuführen:

Motivationsbedingte Produktivitätssteigerung

Die Befragungen des AOK Bundesverbandes zeigen, dass einige Unternehmen wirtschaftliche Erfolge durch eine *motivationsbedingte Produktivitätssteigerung* ihrer Mitarbeiter verbuchen konnten (AOK Bundesverband, 2007, S. 46), was vor allem auf den Zusammenhang zwischen der Motivation der Mitarbeiter und der Produkt- und Servicequalität zurückgeführt werden kann (AOK-Bundesverband, 2007, S. 39). Lück et al. führen in ihren Nutzenaspekten für betriebliches Gesundheitsmanagement ebenfalls motivationsbedingte Produktivitätssteigerungen an, die sich auf eine verbesserte interne Kommunikation und Identifikation mit dem Unternehmen zurückführen lassen (Lück, P., Eberle, G., Bonitz, D., 2009, S. 82).

Reduktion der durch Absentismus bedingten Fehlzeiten

Wie aus Abbildung 10 zu entnehmen ist, hängen Fehlzeiten nicht nur vom Krankheitsstand, sondern auch maßgeblich vom *Absentismus* ab. Dieser wird häufig auch mit motivationsbedingten Fehlzeiten gleichgesetzt. Schätzungen zufolge liegt der Anteil dieser durch Missbrauch entstandenen Fehlzeiten bei ca. einem Drittel der gemeldeten Arbeitsunfähigkeitsfälle (Schwendenwein 1997, S. 111). Die Kosten, die dem Betrieb durch Fehlzeiten entstehen, sind somit zu einem erheblichen Anteil auf motivationale Mängel bei den Beschäftigten zurückzuführen.

```
┌─────────────────────────────────────────────────────────────────┐
│                  Was kann der bewegte Betrieb leisten?            │
│                                                                   │
│  Bewegter Arbeitsplatz                                            │
│     •  ergonomische Maßnahmen und gesundheitsfördernde Übungen    │
│        •  Steigerung des Wohlbefindens •  gesteigerte Wertschätzung des Arbeitsplatzes │
│  Bewegte Pause/Bewegter Arbeitsweg                                │
│     •  Übungen zur Stressbewältigung •  gesteigertes Wohlbefinden │
│  Bewegtes Arbeitsleben                                            │
│     •  Betriebssportgruppen                                       │
│        •  verbessertes Teamklima                                  │
│        •  Entstehung sozialer Kontakte                            │
│        •  Konfliktlösung außerhalb des Arbeitsplatzes             │
│     •  Betriebsausflüge                                           │
│        •  gemeinsame Abenteuer •  Stärkung des gegenseitigen Vertrauens │
└─────────────────────────────────────────────────────────────────┘
```

4.3.6 Verbesserungen auf sozialer Ebene

Ein wichtiger Erfolgsfaktor der betrieblichen Gesundheitsförderung sind die positiven Veränderungen der Kooperation und Kommunikation der Mitarbeiter (Lück, Eberle, Bonitz, 2009, S. 80). In diesem Zusammenhang spielen vor allem das verbesserte Teamklima und eine verbesserte Sozialkompetenz eine zentrale Rolle, auf die im Folgenden näher eingegangen wird.

Verbesserung des Teamklimas

„Das *Teamklima* im Unternehmen beeinflusst maßgeblich die Arbeitsleistung der Mitarbeiter. Gibt es Unstimmigkeiten mit Kollegen oder Vorgesetzten, so leiden Motivation und Leistung" (Badura, 2009, S. 106).

Viele Maßnahmen des betrieblichen Gesundheitsmanagements führen zu einer Verbesserung des Teamklimas im Unternehmen, da durch sie ein gemeinsames Gruppenerlebnis entsteht, das als Basis für einen ausgeprägten Gemeinschaftscharakter dient. Zu den Auslösern für diesen gestärkten Gemeinschaftscharakter gehören Betriebsausflüge und Betriebssportgruppen, bei denen neben der körperlichen Betätigung zumeist die Geselligkeit im Mittelpunkt des Interesses der Teilnehmer steht. Beide Maßnahmen erhöhen die innerbetriebliche soziale Interaktion, was dazu führt, dass soziale Kontakte entstehen und Unstimmigkeiten außerhalb der Arbeitszeit und vor allem frei von betrieblichen Hierarchien ausgetragen und verarbeitet werden können (Jancik, 2002, S. 94). Durch ein verbessertes Teamklima können zudem Störungen und Mängel schneller aufgedeckt werden, was zu Zeitersparnis und Prozessoptimierung führt (AOK Bundesverband, 2004, S. 30).

<u>Verbesserung der Sozialkompetenz der Mitarbeiter</u>

Durch sportliche Aktivitäten sowie Gruppenmaßnahmen betrieblicher Gesundheitsförderung wird die *Sozialkompetenz* der Teilnehmer geschult, indem Kontakte geknüpft und intensiviert werden und der Umgang mit Spannungen und Rivalitäten geübt wird. Von Vorteil sind sozial kompetente Mitarbeiter vor allem im Dienstleistungsbereich. Hier werden Produkt- und Servicequalität hauptsächlich über kommunikative Prozesse zwischen Kunden und Beratern gestaltet (AOK-Bundesverband, 2007, S. 39). Eine gut ausgebildete Sozialkompetenz ist somit Grundvoraussetzung für erfolgreiches Arbeiten mit den Kunden.

Was kann der bewegte Betrieb leisten?

<u>Bewegtes Arbeitsleben</u>
- Betriebssportgruppen, Betriebsausflüge:
  - gemeinsames Gruppenerlebnis • „Wir-Gefühl"
  - Kontakte werden zwischen Mitarbeitern aller Hierarchieebenen geknüpft
  - Freundschaften werden intensiviert
  - innerbetriebliche Netzwerke entstehen
  - Konflikte werden im außerbetrieblichen Kontext ausgetragen

---

4.3.7 Aufbau einer persönlichen Gesundheitskompetenz

Wichtiger als der regelmäßige Besuch eines Betriebsarztes und somit entscheidendes Kriterium für ein erfolgreiches Gesundheitsmanagement ist es, den Aufbau einer persönlichen *Gesundheitskompetenz* der Mitarbeiter zu fördern, die sie dazu befähigt, ihre eigenen Belastungen als solche zu erkennen, richtig einzuschätzen und diesen Belastungen präventiv oder gezielt entgegenzuwirken.

Vermittlung der Fähigkeit zum selbstgesteuerten Gesundheitsmanagement

Daher ist es ein weiteres wichtiges Ziel des betrieblichen Gesundheitsmanagements, den Mitarbeitern ein „höheres Maß an Selbstbestimmung über ihre Gesundheit zu ermöglichen und sie damit zur Stärkung ihrer Gesundheit zu befähigen." (Ottawa-Charta der Weltgesundheitsorganisation, 1986). Betriebliches Gesundheitsmanagements wird im Sinne der Weltgesundheitsorganisation als Prozess verstanden, „in dessen Verlauf die Möglichkeiten der Beschäftigten erweitert und verbessert werden, ihre gesundheitliche Situation selbst stärker zu kontrollieren und sich im Betrieb gesundheitsbewusst zu verhalten" (Weltgesundheitsorganisation, zitiert in Bueren, 2002, S. 16).

Korrekt ausgeführt kann betriebliches Gesundheitsmanagement helfen, die Mitarbeiter mit Kompetenzen auszustatten, die sie befähigen, ihre eigene Gesundheit zu reflektieren und die entsprechenden Maßnahmen zu ergreifen.

Rückgang der vom Arbeitsplatz unabhängigen Ursachen für Fehlzeiten

Mit der Vermittlung einer solchen Gesundheitskompetenz kann es gelingen, die in Abbildung 10 dargestellten arbeitsplatzunabhängigen Ursachen für Fehlzeiten zu reduzieren, indem die Mitarbeiter ihr im Betrieb erworbenes Gesundheitsbewusstsein über den Betrieb hinaus in ihr Privatleben tragen und somit ihre psychische und physische Verfassung verbessern, beziehungsweise aufrecht erhalten.

Wissen über betriebliches Gesundheitsmanagement kann in vielen Situationen des Privatlebens genutzt werden. Hierzu gehören unter anderem das Wissen über die Vorteile von Sport und Bewegung, das Wissen und Bewusstsein über Alltagsbelastungen und Maßnahmen zu deren Bekämpfung, das Wissen über die ergonomische Einrichtung des Arbeitsplatzes zu Hause und nicht zuletzt das Wissen über den Umgang mit Stress und sozialen Diskrepanzen.

4.3.8 Imageverbesserung des Unternehmens

Vorteile im Wettbewerb um Fachkräfte

Betriebliche Gesundheitsleistungen gewinnen nicht nur bei den Arbeitgebern, sondern auch bei den Arbeitnehmern zunehmend an Bedeutung. Diese Tatsache machen sich inzwischen auch viele Betriebe zu Nutze, indem betriebliches Gesundheitsmanagement im Wettbewerb um die besten Fachkräfte verstärkt als Mittel zur *Verbesserung der Attraktivität* als Arbeitgeber eingesetzt wird, um Mitarbeiter zu rekrutieren und langfristig zu binden (Mercer, 2007).

In diesem Zusammenhang haben 69 Prozent der Unternehmen der These zugestimmt, dass betriebliches Gesundheitsmanagement hilft, „top-performing employees", zu halten und zu rekrutieren (Mercer, 2007, S. 3), denn „wer in die Gesundheit seiner Mitarbeiter investiert, erhöht seine Attraktivität als Arbeitgeber – gerade in Zeiten zunehmenden Fachkräftemangels." (Badura, 2009, S. 124)

Senkung der Fluktuationsrate

Aufgabe jedes modernen Personalmanagements ist es, die Mitarbeiter durch Fort- und Weiterbildungsmaßnahmen stets auf dem neuesten Wissensstand zu halten, was in der Regel mit hohen Kosten verbunden ist. Der Nutzen dieser Weiterbildungsmaßnahmen übertrifft jedoch nur dann die Kosten, wenn es gelingt, die Mitarbeiter möglichst lange an das Unternehmen zu binden. Gelingt dies nicht, so bleiben neben den Know-How-Verlusten lediglich die hohen

Kosten. Ein ähnliches Phänomen ist bei einem Ausbildungsabbruch zu beobachten, der die Unternehmen einen hohen Verwaltungsaufwand und Arbeitskraftverlust kostet

Durch die oben genannte gesteigerte Attraktivität können Unternehmen die Fluktuationsrate ihrer Beschäftigten mit Hilfe betrieblicher Gesundheitsförderung senken. Nicht verwunderlich ist in diesem Zusammenhang, dass die Unternehmen in der Studie des AOK Bundesverbandes (2007, S. 54) mehrfach ein verbessertes Image und eine verbesserte Unternehmensbindung als Nutzenparameter betrieblichen Gesundheitsmanagements nannten.

Was kann der bewegte Betrieb leisten?

Bewegter Betrieb generell
- gesteigerte Attraktivität des Unternehmens durch Gesundheitsförderung

Bewegter Arbeitsplatz
- gesunde Arbeitsplatzgestaltung und Bewegungsförderung am Arbeitsplatz
- Steigerung des Wohlbefindens • gesteigerte Attraktivität des Unternehmens

Bewegte Pause
- bewegte Gestaltung von Pause und Arbeitsweg • gesteigertes Wohlbefinden

Bewegtes Arbeitsleben
- gemeinsame Sportaktivitäten, Betriebsausflüge
- gesteigertes „Wir-Gefühl"
- verbessertes Teamklima

4.4 Der bewegte Betrieb – Leitfaden zur praktischen Umsetzung

Der Leitfaden zur praktischen Umsetzung des *bewegten Betriebes* dient als Instrument, um die oben genannten Nutzenaspekte in der betrieblichen Praxis zur realisieren. Im Folgenden werden Maßnahmen zur praktischen Umsetzung von Sport und Bewegungsaktivitäten vorgestellt, die als Anregung zur bewegten Gestaltung der einzelnen Teilbereiche des *bewegten Betriebes* dienen sollen. Diese Maßnahmen sind dabei als Impulse zu verstehen, die Möglichkeiten aufzeigen, wie aus den theoretischen Vorteilen von Bewegung im Betrieb praktische Vorteile werden können.

Dabei richtet dieser Leitfaden sein Augenmerk auf alle Bereiche des Betriebes einschließlich der Freizeit. Dies trägt dazu bei, dass nicht nur der Arbeitsplatz, sondern auch das außerberufliche Leben der Berufstätigen bewegter gestaltet wird. Der Leitfaden ist an Mitarbeiter aller

Hierarchieebenen gerichtet, dazu gehören Führungskräfte, Personalverantwortliche, Angestellte und Auszubildende.

4.4.1 Bewegter Arbeitsplatz

Da die Kompaktheit ein wesentliches Kriterium bei der Ausgestaltung eines Leitfadens ist, können bei der Zusammenstellung von Maßnahmen zur Umsetzung des *bewegten Arbeitsplatzes* nicht alle Berufsgruppen betrachtet werden. Mit über 17 Millionen Arbeitnehmern in Deutschland stellen die Büroberufe den größten Anteil aller Berufsgruppen (Bundesministerium für Gesundheit, 2009). Daher wird der Fokus in der folgenden Ausgestaltung des bewegten Arbeitsplatzes auf die Büroberufe gelegt.

4.4.1.1 Ergonomische Arbeitsplatzgestaltung

Büroarbeit wird überwiegend im Sitzen erledigt – in der Regel über längere Zeiträume. Langes Sitzen in falscher Haltung vor dem Computer gilt als eine wesentliche Ursache für Rücken-probleme (BITKOM, 2008, S. 1). „Wer lange vor dem Computer sitzt, sollte seinen Arbeitsplatz im Büro und zu Hause ergonomisch einrichten", so BITKOM-Präsident Prof. August-Wilhelm Scheer. „Damit können PC-Nutzer Gesundheitsschäden vorbeugen." Zu diesem Zweck sind die folgenden, von der BITKOM (2008) aufgestellten Regeln geeignet, die ergonomische Gestaltung des PC-Arbeitsplatzes in der Praxis zu realisieren:

1. Die oberste Bildschirmzeile sollte leicht unterhalb der waagerechten Sehachse liegen.
2. Tastatur und Maus befinden sich in einer Ebene mit Ellenbogen und Handflächen.
3. 90° Winkel zwischen Ober- und Unterarm sowie Ober- und Unterschenkel.
4. Für den Monitor gilt ein Sichtabstand von mindestens 50 cm.
5. Die Füße benötigen eine feste Auflage. Gegebenenfalls sollte eine Fußhocker genutzt werden.

Die bildliche Darstellung zur ergonomischen Gestaltung des PC-Arbeitsplatzes ist dem Anhang D unter der Überschrift „Ergonomische Arbeitsplatzgestaltung" zu entnehmen.

4.4.1.2 Gesundheitsfördernde Gestaltung der Umgebungsfaktoren

Ergänzend zu der ergonomischen Einrichtung des Arbeitsplatzes sollte auf eine gesundheitsfördernde Gestaltung der Umgebungsfaktoren des Arbeitsplatzes geachtet werden. Besondere Bedeutung haben in diesem Zusammenhang die Lichtverhältnisse, die Lautstärke und das Raumklima am Arbeitsplatz (Gesellschaft Arbeit und Ergonomie, 2009).

- Lichtverhältnisse
  - o Der Schreibtisch sollte mit Blickrichtung parallel zum Fenster aufgestellt werden.
  - o Große Helligkeitsunterschiede im Blickfeld sollten vermieden werden.
- Lautstärke
  - o Bereits beim Kauf von Bürogeräten sollte auf die Geräuschemissionswerte geachtet werden.
  - o Geräuschintensive Geräte sollten möglichst in separaten Räumen untergebracht werden.
- Klima
  - o Für Büroarbeit gilt eine Raumtemperatur von 21 bis 22° Celsius als optimal.
  - o Ein konstanter Luftzug sollte vermieden werden, indem stoß- und nicht dauergelüftet wird.

4.4.1.3 Dynamisches Sitzen

Im Durchschnitt verbringt ein Büroangestellter rund 80 Prozent seiner Arbeitszeit sitzend am Schreibtisch. Es gibt jedoch keine Sitzhaltung, die zum Dauersitzen geeignet ist, denn „jede konstante Sitzhaltung über mehrere Stunden hinweg ist eine Zwangshaltung und schränkt Wohlbefinden und Gesundheit ein" (Bundesministerium für Gesundheit, 2009).

Wie bereits in Kapitel 4.2.1.2 erwähnt wurde, kann dynamisches Sitzen dieser konstanten Zwangshaltung entgegenwirken, indem die Sitzposition und die Arbeitshaltung häufig gewechselt werden (Müller & Petzold, 2006, S. 70). Hierzu eignet sich insbesondere die Variation zwischen folgenden Sitzhaltungen:

1. Hintere Sitzhaltung – lässt sich gut beim Zuhören oder Telefonieren realisieren
2. Mittlere Sitzhaltung – ideale Sitzhaltung beim Arbeiten mit dem Computer
3. Vordere Sitzhaltung – gut geeignet bei der Ausübung handschriftlicher Tätigkeiten

Die Bilderreihe zu den Sitzhaltungen ist dem Anhang D unter der Überschrift „Dynamisches Sitzen" zu entnehmen.

4.4.1.4 Auflockerungsminuten am Arbeitsplatz

Auflockerungsminuten am Arbeitsplatz können Ermüdungserscheinungen entgegenwirken, die Konzentration fördern (Müller & Petzold, 2006, S. 84), und die durch Büroarbeit beanspruchte Muskulatur dehnen beziehungsweise kräftigen. Die in Kapitel 4.2.1.3 aufgezeigte Tabelle 5 liefert einen Überblick über die beanspruchten Körperregionen der Berufe der Tätigkeitsgruppe „Sitzen"[16], die durch folgenden Übungskomplex[17] entlastet werden können:

1. Übung für die Halswirbelsäule
2. Übung für den Schultergürtel
3. Übung für Schultergürtel und Brustwirbelsäule
4. Übung für die Lendenwirbelsäule
5. Übung für Arme, Hände und Finger

Eine detaillierte Übersicht der Übungen mit den dazugehörigen Übungsbeschreibungen sind dem Anhang D unter der Überschrift „Auflockerungsminuten am Arbeitsplatz" zu entnehmen.

4.4.1.5 Weitere Tipps für einen bewegten Arbeitsplatz

„Gegen starre und einseitige Sitzhaltungen im Büro hilft nur Bewegung" (Bundesministerium für Gesundheit, 2009). Die folgenden Tipps sollen für mehr Bewegung am Arbeitsplatz sorgen, indem das Büro ohne großen Aufwand als „Fitnessstudio" genutzt wird (vgl. Bundesministeriums für Gesundheit, 2008):

- [Gelegentlich] Gebrauchtes einige Meter vom Schreibtisch entfernt aufstellen.
- Dynamisch sitzen.
- Stehpulte nutzen.

---

[16] Unterscheidung nach Thillm, 2005
[17] identisch mit denen aus des Leitfadens zur praktischen Umsetzung der bewegten Berufsschule

- Kurze Besprechungen, Post lesen und Telefonieren stehend oder gehend erledigen.
- Ab und zu persönlich bei den Kollegen vorbeigehen, um mit ihnen zu kommunizieren.

Detailliertere Informationen zu den Tipps sind Anhang D unter der Überschrift „Bewegter Arbeitsplatz" zu entnehmen.

4.4.2 Bewegte Pause/Bewegter Arbeitsweg

4.4.2.1 Bewegte Pause

Intensives Arbeiten (besonders an Bildschirmen) macht müde und damit erholungsbedürftig. Die Leistungskurve bewegt sich nach unten, da die Konzentration ab- und die Fehlerhäufigkeit zunimmt. „Kurzpausen sichern effektives Arbeiten, weil sie vorzeitiger Ermüdung entgegen wirken" (Gesellschaft Arbeit und Ergonomie, 2009). Die Internetplattform der Gesellschaft Arbeit und Ergonomie stellt in diesem Zusammenhang folgende Argumente für die Einführung von Kurzpausen vor:

- Pausen beseitigen Erschöpfungssymptome, die durch die Arbeit verursacht wurden.
- Sie sorgen dafür, dass die Beschäftigten nicht ermüden.
- Sie sind keine unproduktiven Arbeitsunterbrechungen, sondern sichern und steigern sogar die Leistungsfähigkeit.
- Sie entlasten die Augen und fördern die Bewegung.

Zur praktischen Umsetzung von Pausen im Betrieb bieten sich kurze Spaziergänge (möglichst in der Natur), Auflockerungsübungen oder Übungen zur Entspannung und Stressbewältigung[18] an (Siehe Anhang D unter „Bewegte Pause").

4.4.2.2 Bewegter Arbeitsweg

Schon bei dem Weg zur Arbeit sollte darauf geachtet werden, sich so viel wie möglich zu bewegen. Hierzu sind folgende, vom Bundesministerium für Gesundheit (2009) veröffentlichte Tipps hilfreich:

---

[18] Übungen zur Stressbewältigung von Allmer, 1996

- Wenn möglich mit dem Fahrrad zur Arbeit fahren.

- Auf dem Arbeitsweg auf die Nutzung von Rolltreppen verzichten.

- Einige Straßen entfernt vom Büro parken und den Rest zu Fuß gehen.

- Eine Haltestelle vor der Zielhaltestelle aussteigen.

- Die Treppe anstelle des Fahrstuhls benutzen.

- Einmal um den Block gehen, bevor mit der Arbeit begonnen wird.

4.4.3 Bewegtes Arbeitsleben

4.4.3.1 Betriebliche Sportgruppe

Die Einführung betrieblicher Sportgruppen kann viele Vorteile haben:

- Es entsteht ein gemeinsames Gruppenerlebnis, das als Basis für einen ausgeprägten Gemeinschaftscharakter dienen kann.

- Neben der sportlichen Betätigung steht zumeist die Geselligkeit im Mittelpunkt des Interesses.

- Das Teamklima verbessert sich.

- Soziale Kontakte entstehen.

- Unstimmigkeiten können außerhalb der Arbeitszeit und vor allem frei von betrieblichen Hierarchien ausgetragen und verarbeitet werden.

Ideen zur Umsetzung von Betriebssportgruppen sind dem Anhang D unter der Überschrift „Bewegtes Arbeitsleben" zu entnehmen. Dazu gehören:

- betriebliche Lauf-, Wander-, oder Walkinggruppen

- das Mieten einer Sporthalle für gemeinsames Sporttreiben

4.4.3.2 Betriebsausflüge

Nach einiger Zeit wird jede Arbeit zum Alltag. Täglich der gleiche Weg zur Arbeitsstelle, die gleichen Aufgaben und die gleichen Kollegen. Monotonie kann schnell dazu führen, dass die Mitarbeitermotivation und das Betriebsklima sinken.

Aus folgenden Gründen ist es sinnvoll, über die Durchführung von Betriebsausflügen nachzudenken:

- Betriebsausflüge bringen Abwechslung in den Betriebsalltag aller Mitarbeiter.

- Gemeinsame Erfahrungen fernab der Arbeitsstelle stellen persönliche Verbindungen zwischen den Beteiligten her und erleichtern den Umgang miteinander auch im beruflichen Alltag

- Betriebsausflüge bieten auch im Nachhinein Gesprächsstoff zwischen den Angestellten, gemeinsame Erinnerungen und eventuell auch Gründe, um gemeinsam zu lachen.

Folgende Aktivitäten sind für die Ausführung von Betriebsausflügen geeignet:

- gemeinsame Wanderung

- entspanntes Zusammensitzen fernab der Arbeit

- Golf

- Weinseminar

- Rafting Tour

- Gleitschirm Schnupperkurs

- Kletterparcours im Hochseilgarten

4.4.4 Bewegte Freizeit

Wer den ganzen Tag am Schreibtisch verbringt, sollte sich zum Ausgleich in der Freizeit bewegen. Dabei kann der Arbeitgeber helfen, indem er Mitgliedschaften in Vereinen und Fitnessstudios finanziell unterstützt. Die folgende Übersicht liefert darüber hinaus Anregungen für Bewegungsaktivitäten, die sich leicht in den Alltag integrieren lassen und sowohl alleine, als auch in einer Gruppe ausgeführt werden können (Bundesministerium für Gesundheit, 2009).

- Aerobic (für mehr Informationen siehe Anhang D)

- Radfahren (für mehr Informationen siehe Anhang D)

- Schwimmen (für mehr Informationen siehe Anhang D)

- Walking (für mehr Informationen siehe Anhang D)

- Golf

- Klettern

- Kraftsport

- Pilates

- Windsurfen

- Yoga

5 Ausblick

Es ist das erklärte Ziel der vorliegenden Arbeit, mit Hilfe der vorgestellten Leitfäden für die *bewegte Berufsschule* und den *bewegten Betrieb* alle beteiligten Personengruppen vom Sinn und Nutzen von Sport und Bewegung in berufsbildenden Schulen und in den Betrieben zu überzeugen und Anstöße zur praktischen Realisierung zu geben.

Natürlich können die Leitfäden ihre gewünschte Wirkung nur dann entfalten, wenn sie eine möglichst große Anzahl beteiligter Personen erreichen. Bevor jedoch die Anstrengungen für ein solches umfangreiches Projekt unternommen werden, wäre es sicher sinnvoll, die Leitfäden an eine ausgewählte Anzahl von Personen aus möglichst allen Adressatengruppen zu verteilen und deren kritische Rückmeldungen bezüglich Form und Inhalt der Leitfäden aufzugreifen, um einerseits Erkenntnisse über deren Akzeptanz und Wirkung zu sammeln, und sie andererseits anhand der Anregungen immer weiter zu verbessern.

In diesem Sinne sind die vorliegenden Leitfäden als Ausgangspunkt zu verstehen für einen hoffentlich langen und erfolgreichen Weg durch die *bewegte Berufsschule* und den *bewegten Betrieb*.

Literaturverzeichnis

Adams, C. (2009). *Der große Brockhaus in einem Band.* Gütersloh, München: Brockhaus.

Abele, A./Brehm, W. (1986). *Befindlichkeitsveränderung im Sport.* In: Sportwissenschaft 16 (1986) 3, S. 288-302.

Allmer, H. (1996). *Erholung und Gesundheit. Grundlagen, Ergebnisse und Maßnahmen.* Göttingen: Hogrefe.

AOK-Bundesverband (2004). *Betriebliche Gesundheitsförderung: Das macht sich bezahlt! Fakten, Firmen, Erfolge.* Zugriff am 04.09.2009 unter http://www.aokbv.de/imperia/md/aokbv/gesundheit/vorsorge/betriebe/bgfbroschuere_0504 05.pdf

AOK-Bundesverband (2007). *Dokumentation einer Befragung: Wirtschaftlicher Nutzen Betrieblicher Gesundheitsförderung aus Sicht der Unternehmen.* Zugriff am 04.09.2009 unter http://www.aok-bv.de/imperia/md/aokbv/gesundheit/vorsorge/betriebe/bgfstudie_2007.pdf

Autorengruppe Bildungsberichterstattung (2008). *Bildung in Deutschland.* Bielefeld: Bertelsmann Verlag.

Badura, B. (2000). *Erfolgreich durch Gesundheitsmanagement: Beispiele aus der Arbeitswelt.* Gütersloh: Bertelsmann.

Badura, B., Schröder, H., Vetter, C. (2009). *Fehlzeiten-Report 2008. Betriebliches Gesundheitsmanagement: Kosten und Nutzen.* Heidelberg: Springer.

Becker, P. (1991). Theoretische Grundlagen. In Abele, A., Becker, P. (Hrsg.). *Wohlbefinden. Theorie, Empirie, Diagnostik.* Weinheim: Juventa.

Bedner, K. (2001). *Gesundheitsschutz und Gesundheitsförderung in Betrieben.* München, Mering: Hampp.

Bericht der Bundesregierung (2006). *Bericht der Bundesregierung über den Stand von Sicherheit und Gesundheit bei der Arbeit und über das Unfall- und Berufskrankheitengeschehen in der Bundesrepublik Deutschland im Jahr 2006.* Zugriff am 01.12.2009 unter http://osha.europa.eu/fop/germany/de/statistics/statistiken/suga/

Bitkom Presseinformation (2008). *Deutsche sitzen lange vor dem Computer.* Zugriff am 11.11.2009 unter http://www.bitkom.org/files/documents/BITKOM_Presseinfo_ Ergnonomie_28.08.2008.pdf

BKK-Bundesverband (2008). *BKK Gesundheitsreport 2008. Seelische Krankheiten prägen das Krankheitsgeschehen.* Zugriff am 14.09.2009 unter http://www.bkk.de/bkk/powerslave,id,1103,nodeid,.html

Böhnke, E. (2005). *Standards für das Gesundheitsmanagement in der Praxis.* Dissertation, Uni München.

Breithecker, D. et al. (1996). In die Schule kommt Bewegung – Haltungs- und Gesundheitsvorsorge in einem „bewegten Unterricht". *Haltung und Bewegung,* 16 (2), 5-47.

Breucker, G., Schröer, A. (1998). Blickpunkt Krankenstand – Wettbewerbsvorteil Gesundheitsförderung. In Bundesverband der Betriebskrankenkassen (Hrsg.) (1998). *Blickpunkt Krankenstand – Wettbewerbsvorteil Gesundheitsförderung: Modelle und Praxiserfahrungen.* Essen: Wirtschaftsverlag für Neues Wissen.

Bueren, H. (2002). *Betriebliche Gesundheitsförderung.* Frankfurt am Main: Bund-Verlag.

Bundesanstalt für Arbeitsschutz und Arbeitsmedizin (Hrsg.). (2004). *Leitfaden zur erfolgreichen Durchführung von Gesundheitsförderungsmaßnahmen im Betrieb.* Zugriff am 04.09.2009 unter http://www.erfahrung-ist-zukunft.de

Bundesministerium für Bildung und Forschung (2008). *Berufsbildungsbericht 2008.* Zugriff am 01.12.2009 unter http://www.bmbf.de

Bundesministerium für Gesundheit (2008). *IN FORM – Deutschlands Initiative für gesunde Ernährung und mehr Bewegung. Nationaler Aktionsplan zur Prävention von Fehlernährung, Bewegungsmangel, Übergewicht und damit zusammenhängenden Krankheiten.* Berlin.

Bundesministerium für Gesundheit (2009). *Nationaler Aktionsplan IN FORM.* Zugriff am 11.11. unter http://www.in-form.de

Crasselt, W. (1994). Somatische Entwicklung. In Baur, J. et al., *Motorische Entwicklung.* (S. 106 – 125). Schorndorf: Hofmann.

Dehnbostel, P. & Lindemann, H.-J. & Ludwig, C. (2007). *Lernen im Prozess der Arbeit in Schule und Betrieb.* Münster: Waxmann.

Dickreiter, B. (1997). Bewegung und Gehirn. In Müller, C. (Hrsg.), *Symposium Bewegte Grundschule.* Konferenzbericht. Sportpädagogik. Dresden: TU Dresden.

Dietrich, R. & Rietz, I. (1996). *Psychologisches Grundwissen für Schule und Beruf. Ein Wörterbuch.* Donauwörth: Auer Verlag GmbH.

Deutsche Verkehrs-Zeitung (2008). *Bitte bleiben Sie gesund!* Sonderbeilage vom 17.04.2008. Presse Monitor GmbH.

Deutscher Sportbund (2002). *Stellungnahme des Deutschen Sportbundes zur aktuellen Situation des Berufsschulsports vom 12.04.2002.* Zugriff am 23.10.2009 unter http://www.dsj.de/downloads/berufschulsport.pdf

Deutscher Sportbund (2005). *Die SPRINT-Studie. Eine Untersuchung zur Situation des Schulsports in Deutschland.* Zugriff am 01.12.2009 unter http://www.qims.ch/internet/qims/de/qims/grundlagen/downloads.parsys.000101.downloa dList.69282.DownloadFile.tmp/sprintstudiebrettschneidergesamtbericht2005.pdf

Emmermacher, A. (2008). *Gesundheitsmanagement und Weiterbildung.* Dissertation an der TU Berlin. Wiesbaden: Springer Science Verlag.

EU-Osha (Europäische Agentur für Sicherheit und Gesundheitsschutz am Arbeitsplatz) (Hrsg.) (2001). *Erwerbstätigkeit im Wandel.* Zugriff am 02.10.2009 unter http://europa.eu/agencies/community_agencies/osha/index_de.htm

Fischer, B., Dickreiter, B., Mosmann, H. (1998). Bewegung und geistige Leistungsfähigkeit – Was ist gesichert? In Illi, U. et al. (Hrsg.) *Bewegte Schule – Gesunde Schule. Aufsätze zur Theorie* (S. 131 – 136). Zürich: Wäldi.

Fröhlich, M. (2000). *Sportpädagogik. Gesundheitssport, Sport und Wohlbefinden.* Uni Saarbrücken 2000. Zugriff am 20.10.2009 unter: http://www.sport-training.de/pdf/skript-gesundheitssport.pdf

Gerber, M. & Pühse, U. (2005). *Selbst- und Körperkonzeptunterschiede bei Jugendlichen mit unterschiedlichem Sportengagement,* in Spektrum der Sportwissenschaften, 2005, Heft 17, 2, S. 26-44.

Gerlach, Y. (2005). *Integration betrieblicher Gesundheitsförderung im Unternehmen.* Diplomarbeit im Fachbereich Ökotrophologie an der Hochschule für angewandte Wissenschaften Hamburg.

Gesellschaft Arbeit und Ergonomie - online e.V. (2009). *Arbeit im Büro gesund gestalten.* Zugriff am 11.11. unter http://www.ergo-online.de

Greier, K. (2007). *Bewegte Schule. Bewegungsorientierte Gesundheitsförderung in der Volksschule. Ergebnisse eines vierjährigen Präventionsprojekts.* Purkersdorf: Brüder Hollinek.

Gröben, F. (2001). *Gesundheitsförderung im Betrieb: eine empirische Untersuchung zur Verbreitung, Erfolgsfaktoren und Perspektiven betrieblicher Gesundheitsförderung.* Dissertation, Universität Karlsruhe.

Grupe, O. & Mieth, D. (1998). *Lexikon der Ethik im Sport.* Schorndorf: Hofmann.

Hartmann, C., Minow, H.-J., Senf, G. (2002). Bewegungs- und trainingswissenschaftliche Grundlagen. In Froböse, I. (Hrsg) (2002). *Bewegung und Training. Grundlagen und Methodik für Physio- und Sporttherapeuten*. München: Urban und Fischer.

Hartman, C. & Senf, G. (1997). *Sport verstehen – Sport erleben. Teil 1: Sportmotorische Grundlagen*. Radebeul: Staatsministerium für Kultus.

Illi, U. (1998). *Bewegte Schule – gesunde Schule: Aufsätze zur Theorie*. Wäldi: IFB.

Institut der deutschen Wirtschaft (Hrsg.) (2008). Stabile Ausgaben. *Informationsdienst des Institutes für deutsche Wirtschaft Köln, Jahrgang 34*, S. 1. Zugriff am 29.09.09 unter http://www.iwkoeln.de/Portals/0/PDF/iwd51_08.pdf

Jancik, J. M. (2002). *Betriebliches Gesundheitsmanagement: Produktivität fördern, Mitarbeiter binden, Kosten senken*. Wiesbaden: Gabler.

Kirch, Badura, Pfaff (2009). *Selbstverständnis der Arbeitsmedizin in den zukunftsorientierten Systemen des Arbeitsschutzes und des Gesundheitsversorgungssystems*. Berlin, Heidelberg: Springer.

Klausien, A. (2008). *Das pädagogische Konzept der bewegten Schule. Modifizierung ausgewählter Teilbereiche für die Berufsschule.* Diplomarbeit am Institut für Sportpsychologie und Sportpädagogik im Fachgebiet Schulsport der Universität Leipzig.

Kleinert, J. (2002). *Sport als Katalysator sozialer Prozesse*. In Personal Magazin 05/2002, S.9.

Kultusministerkonferenz (2004). *Empfehlung zum Sport an beruflichen Schulen*. Beschluss der Kultusministerkonferenz vom 18.11.2004. Zugriff am 01.12.2009 unter http://www.kmk.org/fileadmin/veroeffentlichungen_beschluesse/2004/2004_11_18-Empfehlung-Sport-beruflichen-Schulen.pdf

Kultusministerkonferenz (Hrsg.). (2007). *Handreichung für die Erarbeitung von Rahmenlehrplänen der Kultusministerkonferenz für den berufsbezogenen Unterricht in der Berufsschule und ihre Abstimmung mit Ausbildungsordnungen des Bundes für anerkannte Ausbildungsberufe*. Zugriff am 13.10.2009 unter: http://www.kmk.org/fileadmin/veroeffentlichungen_beschluesse/2007/2007_09_01-Handreich-Rlpl-Berufsschule.pdf

Kramer, I., Sockoll, I., Bödeker, W. (2009). Die Evidenzbasis für betriebliche Gesundheitsförderung und Prävention – Eine Synopse des wissenschaftlichen Kenntnisstandes. In Badura, B., Schröder, H., Vetter, C. (2009). *Fehlzeiten-Report 2008. Betriebliches Gesundheitsmanagement: Kosten und Nutzen*. Heidelberg: Springer.

Laging, R. (2006). *Warum macht bewegte Schule Sinn? Hintergründe und Entwicklungen der bewegten Schule*. Vortrag zur bundesweiten Tagung „Was bewegt die Bewegte Schule?" am 30. Mai 2006 in Hannover.

Lück, P., Eberle, G., Bonitz, D. (2009). Der Nutzen des betrieblichen Gesundheitsmanagements aus der Sicht von Unternehmen. In Badura, B., Schröder, H., Vetter, C. (2009). *Fehlzeiten-Report 2008. Betriebliches Gesundheitsmanagement: Kosten und Nutzen.* Heidelberg: Springer.

Lückheide, R., Großmann, E. (2003). Wohlbefinden stärkt die Arbeitsleistung. *Personalwirtschaft,* Juli, S. 36-38.

Meifert, M.T., Kesting, M. (2004). *Gesundheitsmanagement im Unternehmen – Konzepte, Praxis, Perspektiven.* Berlin, Heidelberg: Springer.

Mercer (2007). Health Benefits Studie. Zugriff am 01.12.2009 unter http://www.mercer.com/home.htm

Ministerium für Bildung, Kultur und Wissenschaft (2003). *Lehrplan Sport an beruflichen Vollzeitschulen.* Zugriff am 01.12.2009 unter http://www.bildungsserver.saarland.de

Mittmansgruber, P. (2004). *Gesundheitsorientiert – Ausgleichende Bewegungshandlungen.* Krems: Akademieverbund Hochschule Krems.

Müller, C. (2003). *Bewegte Grundschule Aspekte einer Didaktik der Bewegungserziehung als umfassende Aufgabe der Grundschule.* Sankt Augustin: Academier Verlag.

Müller, C. & Petzold, R. (2006). *Bewegte Schule. Aspekte einer Didaktik der Bewegungserziehung in den Klassen 5 bis 10/12.* Sankt Augustin: Academier Verlag.

Müller, H. (2002). *Sportunterricht an beruflichen Schulen in Nordhessen. Situation im Schuljahr 2000/2001.* Zugriff am 01.12.2009 unter http://www.sport-sbs.de/download/SitSportBS-2001.pdf?PHPSESSID=352456587efe28540831773ab934628c

Neofiodow, L. A. (1996). *Der sechste Kondratieff. Wege zur Produktivität und Vollbeschäftigung im Zeitalter der Information* (3. überarbeitete Aufl.). Sankt Augustin: Rhein-Sieg-Verlag.

Neofiodow, L. A. (2004). *Der sechste Kondratieff. Wege zur Produktivität und Vollbeschäftigung im Zeitalter der Information* (4. überarbeitete Aufl.). Sankt Augustin: Rhein-Sieg-Verlag.

Nieder, P. (1998): *Fehlzeiten wirksam reduzieren. Konzepte, Maßnahmen, Praxisbeispiele.* Wiesbaden: Gabler Verlag.

Ottawa-Charta der Weltgesundheitsorganisation (1986). In Kerkau, K. (1997). *Betriebliche Gesundheitsförderung: Faktoren für eine erfolgreiche Umsetzung des Gesundheitsförderungskonzeptes in Unternehmen.* Dissertation, Universität St. Gallen.

Personalmagazin (2002). *Gesundheit als Wettbewerbsvorteil.* April 2002, S. 28.

Regensburger Projektgruppe (2001). *Bewegte Schule - Anspruch und Wirklichkeit. Grundlagen, Untersuchungen, Empfehlungen.* Schorndorf: Hofmann.

Schwendenwein, J. (1997). Gesundheitsförderung durch Organisationsentwicklung: Der Krankenstand als Evaluationsindikator. *Reihe Medizinsoziologische Forschung, Bd. 2.* München, Wien: Profil.

See, A. (2007). *Das pädagogische Konzept der bewegten Schule. Modifikationen für den Einsatz an berufsbildenden Schulen.* Diplomarbeit am Institut für Sportpsychologie und Sportpädagogik im Fachgebiet Schulsport der Universität Leipzig.

Skolamed GmbH (2008). *Großer Handlungsbedarf im betrieblichen Gesundheitsmanagement in Deutschland.* Pressemitteilung. Zugriff am 01.12.2009 unter http://www.skolamed.de/presse/pm_fuehrungskraefteeinbindung.pdf

Sozialgesetzbuch des Bundesministeriums der Justiz (2009). *Sozialgesetzbuch (SGB) Neuntes Buch (IX) - Rehabilitation und Teilhabe behinderter Menschen -* (Artikel 1 des Gesetzes v. 19.6.2001, BGBl. I S. 1046).

Sporrer, S. (2004). *Nutzenanalyse und Evaluation betrieblicher Gesundheitsförderung.* Norderstedt: GRIN Verlag.

Statistisches Bundesamt (2009a). *Bevölkerung Deutschlands bis 2060. 12. koordinierte Bevölkerungsvorausberechnung.* Wiesbaden: Statistisches Bundesamt.

Statistisches Bundesamt (2009b) Zugriff am 01.12.2009 unter http://www.destatis.de

Sydänmaanlakka, P., Antell, M. (2000). Wohlbefinden – das zentrale Ziel betrieblichen Gesundheitsmanagements. In Bertelsmann Stiftung (Hrsg.) (1998). *Erfolgreich durch Gesundheitsmanagement: Beispiele aus der Arbeitswelt.* Gütersloh: Bertelsmann.

Thüringer Institut für Lehrerfortbildung, Lehrplanentwicklung und Medien (Hrsg.) (2005). *Gesund und Fit im Berufsalltag.* Bad Berka.

Winter, R. (1998). *Die motorische Entwicklung (Ontogenese) des Menschen von der Geburt bis ins hohe Alter.* In Meinel, K. & Schnabel, G. (1998). *Bewegungslehre – Sportmotorik.* Berlin: Volk und Wissen.

Vester, F. (1992). *Denken, Lernen, Vergessen.* München: Deutscher Taschenbuch Verlag.

Wagner-Link, A. (2009). *Der Stress – TK Broschüre zur gesundheitsbewußten Lebensführung* (19. Auflage). Hamburg: Techniker Krankenkasse (Hrsg.).

Weinreich, I., Weigl C. (2002). *Gesundheitsmanagement erfolgreich umsetzen: Ein Leitfaden für Unternehmen und Trainer.* Neuwied, Kriftel: Luchterhand.

Weltgesundheitsorganisation (1963). *Basic documents of the Worlds Health Organisation*. Geng: WHO.

Weltgesundheitsorganisation (1986). *Ottawa Charta*. Zugriff am 01.12.2009 unter http://www.euro.who.int/AboutWHO/Policy/20010827_2?language=German

Wittig-Goetz, U. (2000). *Rücken-, Schulter- und Nackenbeschwerden am Arbeitsplatz*. Zugriff am 02.10.2009 unter http://www.ergo-online.de

Witzel, R. (1984). *Berufsschulsport: Das Stiefkind des Schulsports?*. Sportunterricht 33(10), S. 369-376.

Wollny, R. (2007): *Bewegungswissenschaft. Ein Lehrbuch in 12 Lektionen*. Aachen: Meyer & Meyer Verlag.

Zimmer, R. (1998). Lernen mit allen Sinnen. In: Illi, U., Breithecker, D., Mundigler, S. (Hrsg.) (2001). *Bewegte Schule – Gesunde Schule. Aufsätze zur Theorie* (S. 137 – 143). Zürich: Wäldi.

Anhang A

Die bewegte Berufsschule

Leitfaden zur Legitimation

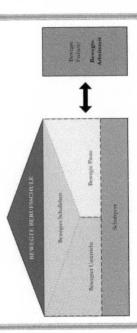

BEWEGTE BERUFSSCHULE

Bewegtes Schulleben
Bewegter Unterricht
Bewegte Pause
Schulsport

Bewegte Freizeit
Bewegte Arbeitszeit

Einführung

Anliegen

- Hauptanliegen dieses Leitfadens ist es, das Konzept der bewegten Berufsschule mit seinem gesundheitlichen, entwicklungstheoretischen und lerntheoretischen Nutzen vorzustellen.

- Um die große Bedeutung von Bewegung für Ihre Berufsschule¹ zu veranschaulichen, zeigt dieser Leitfaden Argumente auf, die deren Nutzen empirisch belegen.

- Geeignetes Instrument zur Umsetzung von Sport und Bewegungsaktivitäten ist das Konzept der bewegten Berufsschule², da es in der Lage ist, alle aufgeführten Argumente in der Praxis zu realisieren.

Zielgruppe

- Dieser Leitfaden richtet sich an folgende Personen Ihrer Schule:
  - Schulleitung
  - Lehrkräfte
  - Angehende Lehrkräfte (Referendare, Studenten der Wirtschaftspädagogik)

Aufbau des Leitfadens

- Der Leitfaden besteht aus acht Argumenten, die nicht isoliert zu betrachten sind, sondern sich gegenseitig bedingen und verstärken.

- Zu jedem der Argumente verdeutlicht eine kompakte Infobox, in welchem Bereich der bewegten Berufsschule Maßnahmen zur praktischen Umsetzung erfolgen.

- Die bewegte Berufsschule ist das Modell einer bewegungsorientierten Schule, welches die Berufsschule in folgende Bereiche unterteilt:

  1. **Bewegter Unterricht**
  2. **Bewegte Pause**
  3. **Bewegtes Schulleben**
  4. **Bewegte Freizeit/Bewegte Arbeitszeit**

Argument 1:

Unterstützung bei der Aneignung beruflicher Handlungskompetenz

Ausgewiesenes Bildungs- und Erziehungsziel aller Berufsschulen ist es, den Berufsschülern eine berufliche Handlungskompetenz zu vermitteln.

Die berufliche Handlungskompetenz entfaltet sich in den Dimensionen[3]

→ Fachkompetenz
→ Humankompetenz und
→ Sozialkompetenz

In dem vorliegenden Leitfaden wird gezeigt, dass Sport- und Bewegungsaktivitäten in hohem Maße geeignet sind, die Aneignung aller Dimensionen der beruflichen Handlungskompetenz zu unterstützen.

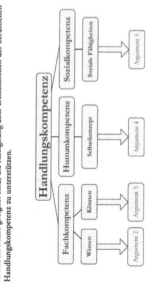

Was kann die bewegte Berufsschule leisten?

Die bewegte Berufsschule beinhaltet viele Sport- und Bewegungsaktivitäten, die die Aneignung von Fachkompetenz, Humankompetenz und Sozialkompetenz unterstützen.

Argument 2:

Unterstützung bei der Aneignung von Wissen

Das Fachwissen ist ein integraler Bestandteil der Fachkompetenz und somit von großer Bedeutung für die Handlungskompetenz. Bewegung verbessert die kognitive Leistungsfähigkeit und die Wahrnehmungsfähigkeit und somit die Aneignung von Fachwissen.

Bewegung steigert die kognitive Leistungsfähigkeit

Wissenschaftliche Untersuchungen belegen, dass Bewegung kognitive Prozesse positiv beeinflussen kann.

→ Bereits geringe Belastungen erhöhen den Energiestoffwechsel im Gehirn und verbessern somit die geistige Leistungsfähigkeit[5].

→ Bewegung hebt das Aktivationsniveau[6] an, was die Konzentration und die geistige Leistungsfähigkeit steigern kann[6].

Bewegung fördert die Wahrnehmungsfähigkeit

Wissen kann umso besser und langfristiger gespeichert werden, je mehr Kanäle für die Wahrnehmung genutzt werden.[7]

→ Durch Bewegung steht dem Schüler neben den üblichen akustischen und optischen Analysatoren mit dem „Bewegungssinn" ein zusätzlicher Informationszugang zur Verfügung.[8]

Was kann die bewegte Berufsschule leisten?

Bewegter Unterricht:
- Bewegtes Lernen → führt zu verbesserter Leistungs- und Wahrnehmungsfähigkeit
- Auflockerungsminuten → fördern die Konzentration
- Individuelle Bewegungszeiten → erhöhen die Leistungsfähigkeit

Bewegtes Schulleben:
- Exkursionen → ermöglichen Lernen mit dem Bewegungssinn

Bewegte Freizeit/Bewegte Arbeitszeit
- steigern u. a. das Aktivationsniveau und den Energiestoffwechsel im Gehirn

Argument 3:

Stärkung der körperlichen Entwicklung und koordinativen Fähigkeiten

Eine gesunde körperliche Entwicklung und gut ausgeprägte koordinative Fähigkeiten sind in vielen Berufen Basis für das fachliche Können[9] als wichtigem Bestandteil der Fachkompetenz und somit der beruflichen Handlungskompetenz.

Gesunde körperliche Entwicklung

Bewegung hilft, die körperliche Entwicklung zu unterstützen sowie den körperlichen Optimalzustand zu bewahren oder wiederherzustellen.

→ Bewegung unterstützt die Entwicklung des Muskulatur- und Bandapparates[10].

→ Bewegung kann helfen, muskuläre Dysbalancen, längerfristige Haltungsschwächen und Haltungsschäden zu vermeiden bzw. zu vermindern[11].

Verbesserung koordinativer Fähigkeiten

Bewegung hilft, koordinative Fähigkeiten herauszubilden.

→ Vielfältige Variationen von Bewegungshandlungen sind die wesentliche Methode zur Vervollkommnung koordinativer Fähigkeiten[12].

Was kann die bewegte Berufsschule leisten?

Bewegter Unterricht:
- Bewegtes Lernen → vermeidet u. a. die Haltungskonstanz
- Auflockerungsminuten → stärken die belastete Muskulatur
- Dynamisches Sitzen → wirkt der Belastungen durch Sitzen entgegen
- Individuelle Bewegungszeiten → fördern Muskelaufbau, Beweglichkeit…

Bewegte Pause:
- Ausbildung koordinativer und konditioneller Fähigkeiten

Bewegte Freizeit/Bewegte Arbeitszeit:
- fördert die körperliche Entwicklung und die koordinativen Fähigkeiten

---

Argument 4:

Aufbau eines positiven Selbstkonzeptes

Das Selbstkonzept ist eine wichtige Orientierung für das Handeln[13] und somit entscheidender Bestandteil der beruflichen Handlungskompetenz. Es umfasst Eigenschaften wie:

→ sicheres Auftreten
→ Selbstständigkeit
→ Kritikfähigkeit

Durch sportliche Betätigung können positive Effekte auf das Selbstkonzept der Schüler erzielt werden.

→ Sport und Bewegung können die körperlichen Fähigkeiten verbessern, was positive motorische Könnenserfahrungen hervorrufen und somit zu einer gesteigerten Achtung vor sich selbst und Akzeptanz durch andere führen kann[14].

→ Durch Bewegung kann eine positive Einstellung zur eigenen Körperlichkeit erzielt werden, welche sich wiederum positiv auf das Selbstvertrauen auswirkt[15].

Was kann die bewegte Berufsschule leisten?

Bewegter Unterricht:
- Individuelle Bewegungszeiten → trainieren Haltung, Muskeln, koordinative und rhythmische Fähigkeiten und können somit das Selbstkonzept verbessern

Bewegte Pause:
- Sportspiele → verbessern die koordinativen und konditionellen Fähigkeiten
- Nintendo Wii° → trainiert Haltung, Muskeln, koordinative, konditionelle und rhythmischen Fähigkeiten, Sammeln von motorischen Könnenserfahrungen

Bewegte Freizeit/Bewegte Arbeitszeit:
- verbessern die körperlichen Fähigkeiten

Argument 5:

Aufbau der Sozialkompetenz

Die Sozialkompetenz trägt in vielerlei Hinsicht zur beruflichen Handlungsfähigkeit bei, da Teamfähigkeit, Kritikfähigkeit und gute Menschenkenntnis entscheidende Kompetenzen des Alltags moderner Unternehmen darstellen.

Bewegung trägt dazu bei, die Sozialkompetenz der Schüler zu verbessern.

→ Bewegungs- und Spielsituationen bieten vielfältige soziale Lernmöglichkeiten[16].

→ Bewegung bereichert grundlegende soziale Erfahrungen, fördert den Aufbau von Fremdvertrauen und Verantwortung gegenüber anderen und bildet Führungsqualitäten aus[17].

→ Bewegung hilft, die Fähigkeit zu entwickeln, sich verbal und nonverbal verständlich zu machen und andere zu verstehen[18].

→ Sportliche Aktivität bringt Menschen auf zumeist engem Raum zusammen und fördert den verbalen sowie den physischen Dialog. Es öffnen sich neue Kommunikationskanäle[19].

Was kann die bewegte Berufsschule leisten?

Bewegter Unterricht:
- Bewegtes Lernen → fördert soziale Zusammenarbeit
- Entspannungsphasen → ermöglichen gemeinsame Erfahrungen
- Individuelle Bewegungszeiten → schulen die Absprache und Einhaltung von Regeln

Bewegtes Schulleben:
- regt Bewegungs- und Spielsituationen an

Bewegte Pause:
- Aushandeln der Elemente der bewegten Pause → schult soziale Zusammenarbeit
- Sportspiele → fördern soziale Fähigkeiten und das Teamwork

Argument 6:

Steigerung des psychischen Wohlbefindens der Schüler

Zum psychischen Wohlbefinden gehören einerseits das aktuelle Wohlbefinden (*positive Gefühle, positive Stimmung, aktuelle Beschwerdefreiheit*) und andererseits das habituelle Wohlbefinden (*gute psychische Verfassung, Lebensfreude, Glücklichsein*)[21].

Bewegung kann sich positiv auf das aktuelle und das habituelle Wohlbefinden der Schüler auswirken.

→ Durch Sport und Bewegung kann das aktuelle Wohlbefinden gesteigert und Missbefinden vermindert werden[22].

→ Durch körperliche Belastungen wird zudem das Selbstbewusstsein gesteigert und die Selbsteinschätzung verbessert, was sich wiederum positiv auf das Wohlbefinden auswirkt[23].

→ Bewegung hilft, Stress zu reduzieren.

  ○ Bewegung fördert den Abbau von Stresshormonen. Positive Auswirkungen auf das aktuelle und habituelle Wohlbefinden der Schüler sind die Folge[24].

  ○ Durch Bewegung können Erfahrungen im Umgang mit dem eigenen Körper erweitert und psychische Belastungen besser empfunden werden[25].

Was kann die bewegte Berufsschule leisten?

Bewegter Unterricht:
- Auflockerungsminuten → wirken Ermüdungserscheinungen entgegen
- Dynamisches Sitzen → entlastet Wirbelsäule und Muskeln
- Entspannungsphasen → kompensieren psychische Belastungen
- Individuelle Bewegungsphasen
  → bewirken Stressreduktion, befriedigen Bewegungsbedürfnis

Bewegte Pause:
- erhöht Schulfreude, fördert das Wohlbefinden, löst Bewegungsstau

Bewegtes Schulleben:
- schafft Ausgleich zum Unterricht, fördert Schulfreude

Bewegte Freizeit/Bewegte Arbeitszeit
- können zum psychischen Ausgleich beitragen

Argument 8:

Verbesserung des Schulimages

Ein positives Schulimage stärkt das Selbstbewusstsein des Kollegiums, trägt zur Identifikation mit der Schule bei[29] und verbessert ebenso die Reputation der Schule bei ihren Schülern.

Die in den Argumenten 1-7 genannten positiven Auswirkungen der schulischen Sport- und Bewegungsaktivitäten können dazu beitragen, das Schulimage aufzuwerten.

→ Bewegung kann die berufliche Handlungskompetenz der Schüler in vielerlei Hinsicht verbessern[30].

- o Eine bessere Handlungskompetenz, also bessere Leistungen und Lerner-gebnisse der Schüler, erhöhen die Gesamtleistung der Schule im nationalen und internationalen Vergleich.

→ Die bewegungsorientierte Schule erhöht die Zustimmung der Schüler zu ihrer Schule.

- o durch die Steigerung ihres psychischen Wohlbefindens[31]
- o durch die Förderung ihrer Gesundheitskompetenz[32]
- o durch die Verbesserung ihrer schulischen Leistungen.

Was kann die bewegte Berufsschule leisten?

Bewegter Unterricht:
→ verbessert die berufliche Handlungskompetenz
→ fördert das Wohlbefinden
→ fördert die Gesundheitskompetenz
→ verbessert die schulischen Leistungen

Bewegte Pause:
→ fördert das Wohlbefinden
→ erhöht die Schulfreude

Bewegtes Schulleben:
→ erhöht die Schulfreude

Argument 7:

Förderung der Gesundheitskompetenz der Schüler

Gesundheitskompetenz kann als das Verfügen über gesundheitsbezogene Einstellungen und Handlungsweisen verstanden werden, welches die Schüler dazu befähigt, ihre Schulzeit, Freizeit und Arbeitszeit selbstständig gesundheitsfördernd zu gestalten.

Da der überwiegende Teil des Lebens der Schüler außerhalb der Schule stattfindet, müssen die Schüler über Erfahrungen und Gewohnheiten verfügen, die zur selbstständigen Gesundheitsprävention im außerschulischen Bereich befähigen[36].

Bewegung in der Schule kann als Grundlage sportbezogener Freizeit[27]- und Arbeitszeitgestaltung angesehen werden.

→ Bewegungs- und Körpererfahrungen in der Schule können die gesundheits-bezogenen Einstellungen und Handlungsweisen der Schüler nachhaltig positiv zu beeinflussen.

→ Die Schüler eignen sich somit zunehmend Kompetenzen an, unter den jeweilgen Gegebenheiten Bewegungsaktivitäten selbstbestimmt zu gestalten bzw. Einfluss auf die vorgefundenen Bedingungen zu nehmen[28].

Was kann die bewegte Berufsschule leisten?

Bewegter Unterricht:
- Bewegtes Lernen
  → bietet die Möglichkeit, Erfahrungen mit dem „Bewegungssitzen" zu sammeln
- Auflockerungsübungen
  → befähigen zur außerschulischen Anwendung der Übungen
- Dynamisches Sitzen
  → befähigt zum dynamischen Sitzen, auch außerhalb der Schule
- Entspannungsphasen
  → befähigen zur eigenständigen Durchführung der Entspannungsphasen
- Individuelle Bewegungszeiten
  → geben Impulse zu deren Ausgestaltung

Bewegte Pause:
- weckt Interesse an Ausübung der jeweiligen Sportarten in der Freizeit

Bewegtes Freizeit/Bewegte Arbeitszeit
- vielfältige Impulse für die bewegte Ausgestaltung der Freizeit & des Arbeitsplazes

Quellen & Erklärungen

[1] Der Leitfaden richtet sich schwerpunktmäßig an Berufsschulen, ist aber für berufsbildende Schulen aller Art relevant

[2] Müller, C. & Petzold, R. (2006), modifiziert durch See (2007)

[3] Handreichung KMK (2007, S. 11)

[4] Fischer, B. & Dickreiter, B. & Mosmann, H. (1998, S. 134)

[5] Das Aktivationsniveau kann als eine Art Zustand der Gehirnaktivität beschrieben werden

[6] Fischer, B. (1998, S. 134)

[7] Vester, F. (1992, S. 142)

[8] Müller, C. & Petzold, R. (2006, S. 16)

[9] Die Fachkompetenz ist unterteil in „Wissen" und „Können" (Siehe Argument 1)

[10] Illi, U. (1998, S. 7)

[11] Müller, C. & Petzold, R. (2006, S. 21)

[12] Müller, C. & Petzold, R. (2006, S. 21)

[13] Eberspächer, H. (1993, S. 93) in Müller, C. & Petzold, R. (2006, S. 22)

[14] Müller, C. & Petzold, R. (2006, S. 23)

[15] Müller, C. & Petzold, R. (2006, S. 22)

[16] Müller, C. & Petzold, R. (2006, S. 17)

[17] Illi, U. (1998, S. 7)

[18] Müller, C. & Petzold, R. (2006, S. 18)

[19] Kleinert, J. (2002, S. 9)

[20] Längerfristiges, ständiges Wohlbefinden

[21] Becker, P. (1991, S. 13)

[22] Abele, A. & Brehm, W. (1986, S. 288)

[23] Fischer, B. (1998, S. 134)

[24] Müller, C. & Petzold, R. (2006, S. 21)

[25] Müller, C. & Petzold, R. (2006, S. 15)

[26] Regensburger Projektgruppe (2001, S. 75)

[27] Illi, U. (1998, S. 7)

[28] Müller, C. & Petzold, R. (2006, S. 11)

[29] Dehnbostel, P. & Lindemann, H.-J. & Ludwig, C. (2007, S. 69)

[30] Siehe Argumente 1 bis 5

[31] Siehe Argument 6

[32] Siehe Argument 7

Sonstiges

- Basis dieses Leitfadens ist die Diplomarbeit „Das pädagogische Konzept der bewegten Schule – Modifikation für Berufsschule und Betrieb einschließlich der Entwicklung von Leitfäden."
  Sie enthält:
  o detailliertere Informationen bezüglich der einzelnen Argumente
  o die kompletten Quellenangaben
- Auf die Verwendung von Anführungszeichen wurde aus Gründen der Übersichtlichkeit bewusst verzichtet.
- Geschlechtsbezogene Begriffe werden hier in ihrer männlichen Form verwendet; dies impliziert selbstverständlich auch die weibliche Form.

Die Fortsetzung (Teil II) dieses Leitfadens ist das Heft

„Die bewegte Berufsschule – Leitfaden zur praktischen Umsetzung"

Es enthält kompakte Vorschläge und Anregungen zu einer praktischen Ausgestaltung der Bereiche der bewegten Berufsschule.

Wir hoffen, Ihr Interesse an der bewegten Berufsschule geweckt zu haben. Bei Fragen und Anregungen wenden Sie sich bitte an den Autor oder die Betreuerin der Diplomarbeit, Frau Prof. Dr. Christina Müller.

Tim Gutsch
timgutsch@gmx.de

Prof. Dr. Christina Müller (Leiterin des Fachgebiets Schulsport der Uni-Leipzig)
chrismue@rz.uni-leipzig.de

Anhang B

Die bewegte Berufsschule

*Leitfaden
zur praktischen Umsetzung*

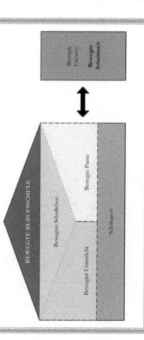

Einführung

Anliegen

- Hauptanliegen dieses Leitfadens ist es, Ihre Berufsschule[1] bewegt zu gestalten.
- Zu diesem Zweck werden Maßnahmen vorgestellt, die als Anregung zur bewegten Gestaltung der einzelnen Bereiche Ihrer Berufsschule zu verstehen sind.
- Die Maßnahmen sollen als Impulse dienen, die Ihnen Möglichkeiten aufzeigen, wie Bewegungsaktivitäten in Ihre Berufsschule integriert werden können.

Zielgruppe

- Dieser Leitfaden ist an folgende Personen Ihrer Schule gerichtet:
  - Schulleitung
  - Lehrkräfte
  - Angehende Lehrkräfte (Referendare, Studenten der Wirtschaftspädagogik)
  - Indirekt auch Auszubildende

Aufbau des Leitfadens

- Der Leitfaden und dessen Aufbau orientieren sich am Konzept der bewegten Schule nach Müller[2] und am modifizierten Konzept für Berufsschulen nach See[3].
- Die bewegte Berufsschule ist das Modell einer bewegungsorientierten Schule, welches die Berufsschule in folgende Bereiche unterteilt:
  1. **Bewegter Unterricht**
  2. **Bewegte Pause**
  3. **Bewegtes Schulleben**
  4. **Bewegte Freizeit/Bewegte Arbeitszeit**
- Der Schwerpunkt dieses Leitfadens liegt auf dem Bereich des bewegten Unterrichts, da hier das größte Anwendungs- und Verbesserungspotenzial besteht.

1. Bewegter Unterricht

Bewegtes Lernen

Bewegtes Lernen bedeutet, dass kognitives Lernen und Bewegung gleichzeitig stattfinden. Die Ziele des bewegten Lernens liegen u. a. in der Erschließung eines zusätzlichen Informationszugangs, in der Optimierung der Informationsverarbeitung und in der Vermeidung von Haltungskonstanz[5].

Folgendes Beispiel zeigt, wie Sie bewegtes Lernen in Ihrer Klasse umsetzen können:

Unterrichtsbeispiel[3]:

Fach: Wirtschaftslehre und Rechnungswesen in Berufsschulen und beruflichen Gymnasien

Ziel: Wiederholung und Vertiefung des Aufbaus einer Unternehmensbilanz

Durchführung und Ablauf

→ Im Klassenraum wird aus Tischen ein T-Konto auf-gebaut (vgl. Grafik).

→ Auf dem Lehrertisch werden Pappkarten mit den ein-zelnen Bilanzposten der Aktiv- und Passivseite ausgelegt.

→ Die Schüler nehmen sich der Reihe nach eine Karte mit einer Bilanzposition.

→ Anschließend sollen sich die Schüler gemäß des korrekten Aufbaus einer Bilanz in der Klasse positionieren.

→ Die Karten werden dabei vor den Körper gehalten und dienen zur Orientierung für die Mitschüler.

→ Nachdem die Schüler ihre Positionen eingenommen haben, klappt der Lehrer die Tafel mit dem korrekten Aufbau der Bilanz auf.

→ Die Schüler vergleichen ihre Position mit der an der Tafel und korrigieren sie ggf..

Hinweise:

→ Nach dem ersten Durchgang können die Karten neu gemischt und erneut verteilt werden.

→ Bei Bedarf kann dieses Unterrichtsbeispiel im Verlauf eines Schuljahres mehrmals wiederholt werden.

Auflockerungsminuten

Unter Auflockerungsminuten kann eine kurzzeitige Unterbrechung des Unterrichts mit teilweise angeleiteten, zunehmend aber auch selbstständig ausgeführten Bewegungsübungen verstanden werden, die Ermüdungserscheinungen entgegenwirkt und die Konzentration fördert[6].

Folgende Übungen[7] sind für diesen Zweck gut geeignet.

Lassen Sie jede der Übungen fünfmal hintereinander von Ihren Schülern wiederholen.

1. Übung für die Halswirbelsäule

Die Hände entspannt auf die Oberschenkel legen.

1. Kopf nach rechts drehen und das Kinn anheben – einatmen
2. Kopf geradeaus und nach vorne beugen – ausatmen
3. Kopf nach links drehen und das Kinn anheben – einatmen

2. Übung für den Schultergürtel

Die Arme hängen lassen und die Hände entspannt auf die Oberschenkel legen.

1. Schultern nach vorne nehmen
2. Schultern anheben und nach hinten bewegen – einatmen
3. Schultern fallen lassen – ausatmen

3. Übung für Schultergürtel und Brustwirbelsäule

Die Arme neben den Oberschenkeln hängen lassen.

1. Schultern nach vorne fallen lassen. Dabei die Daumen nach innen drehen – ausatmen
2. Schultern nach hinten nehmen und die Daumen dabei nach außen drehen – einatmen
3. Schultern nach vorne fallen lassen. Dabei die Daumen nach innen drehen – ausatmen

4. Übung für die Lendenwirbelsäule

Sie sitzen gerade auf Ihrem Stuhl.

1. Hände hinter dem Rücken übereinander legen.
2. Hände durch Anspannung der Bauch- und Gesäßmuskeln mit dem Körper gegen die Lehne drücken – einatmen
3. Muskeln entspannen und den Druck lösen - ausatmen

5. Übung für Arme, Hände und Finger

Die Arme lang nach vorne strecken.

1. Finger weit auseinander spreizen
2. Hände zu einer Faust schließen
3. Finger weit auseinander spreizen
4. Während dieser Bewegung die Arme abwechselnd heben und senken

Dynamisches Sitzen

Dauerhaftes und statisches Sitzen belastet den Rücken und die Muskeln. Durch dynamisches Sitzen kann diesen Belastungen entgegengewirkt werden, indem die Sitzposition und Arbeitshaltung häufig gewechselt werden.[8]

Befähigen Sie ihre Schüler zum selbstständigen dynamischen Sitzen, indem Sie eine häufige Variation zwischen folgenden Sitzhaltungen anregen:

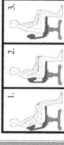

1. **Hintere Sitzhaltung** – ist sehr gut beim Zuhören realisierbar
2. **Mittlere Sitzhaltung** – Standardhaltung u. a. bei Diskussionen, Gruppenarbeit etc.
3. **Vordere Sitzhaltung** – gut geeignet für handschriftliche Arbeiten

Entspannungsphasen

Berufsschüler sind sowohl in der Schule als auch in der Arbeitswelt hohen physischen und psychischen Belastungen ausgesetzt. Kurze Unterbrechungen des Unterrichts in Form von Entspannungsphasen können helfen, diese Belastungen zu kompensieren.

Hierzu bietet sich u. a. die progressive Muskelrelaxation nach Jacobson[9] an, bei der durch die bewusste An- und Entspannung bestimmter Muskelgruppen ein Zustand tiefer Entspannung des ganzen Körpers erreicht wird.

Die folgenden Beispiele[10] bezüglich einzelner Muskelgruppen sind besonders für kaufmännische Auszubildende gut geeignet:

Ausgangslage:

→ angenehme, entspannte Atmosphäre (Klassenraum abdunkeln, Entspannungsmusik)
→ bequeme Körperposition in Rückenlage (auf isoliertem Boden oder Tisch)
→ Hände und Beine leicht gestreckt und nach außen gedreht. Arme seitlich an Körper
→ Anspannung jeweils ca. 5-10 Sek. Entspannung ca. 15-30 Sek.

Beispiel Arme:
Hand zur Faust formen und den Arm behutsam gegen die Unterlage drücken. Langsam Spannung aufbauen. Nachdem die Spannung gespürt wird, diese einen Moment halten. Die Spannung langsam wieder auflösen.

Beispiel Beine:
Beide Fußspitzen in Richtung Knie ziehen und die Spannung in den Schienbeinen spüren. Gesamte Beinmuskulatur anspannen und die Zehenspitzen krallen. Spannung einen Moment halten. Die Spannung langsam wieder auflösen.

Beispiel Schultern:
Schultern in Richtung Ohren ziehen und unter Anspannung eine langsame Kreisbewegung vorwärts durchführen. Spannung nur in der Schultermuskulatur spüren. Schultern noch höher ziehen und Spannung halten. Die Spannung langsam wieder auflösen.

Beispiel Nacken und Hals:
Hinterkopf leicht gegen einen Widerstand nach hinten drücken. Danach unter Anspannung langsam nach rechts und nach links neigen – im Anschluss nach vorn zum Doppelkinn anspannen. Spannung halten. Die Spannung langsam wieder auflösen.

Beispiel Bauch:
Einatmen. Bauchdecke nach vorn wölben und Bauchmuskeln fest anspannen. Anspannung halten. Die Spannung langsam wieder auflösen.

2. Bewegte Pause

Eine bewegte Pause kann bei den Berufsschülern unter anderem den Bewegungsstau lösen, das Wohlbefinden fördern, die Schulfreude erhöhen[15] und die koordinativen und konditionellen Fähigkeiten verbessern.

Daher ist es sinnvoll, bewegte Pausen in das schulische Bewegungangebot zu integrieren.

Bei der Ausgestaltung der bewegten Pause muss in Berufsschulen folgendes beachtet werden:
→ Die Schüler sollten ein Mitspracherecht bei der Ausgestaltung der bewegten Pause bekommen.
→ Die Schüler gehören höheren Klassen an und sind daher eher durch sportliche Aktivitäten mit verstärktem Freizeitbezug zum Bewegen in den Pausen zu aktivieren.
→ Bewegte Pausen bedürfen Absprachen und Regeln, die gemeinsam mit den Schülern aufzustellen und von allen einzuhalten sind[17].

Folgende Beispiele können als Vorschläge zur Umsetzung der bewegten Pause in Berufsschulen dienen:

Sportspiele
Bei der bewegten Ausgestaltung der Pausen muss beachtet werden, dass lediglich 55% der berufsbildenden Schulen eine Sportstätte auf dem Schulgelände zur Verfügung steht[18]. Es muss daher gelingen, den Pausenhof mit einfachen und kostengünstigen Mitteln so zu gestalten, dass die Schüler in ihrer Pause ansprechende Bewegungmöglichkeiten vorfinden.
Hierzu eignet sich das Aufstellen von:
→ Toren für Fußball oder Handball
→ Netzen für Volleyball oder Badminton
→ Tischtennisplatten

Nintendo Wii*
Die Nintendo Wii* ist aufgrund des hohen Freizeitbezuges und der individuellen Übungsgestaltung auch für die bewegte Pause geeignet. Bei der Umsetzung wäre es denkbar, einen freiwilligen Verantwortlichen aus den Reihen der Schüler zu bestimmen, der die Verwendung des Gerätes überwacht und bei Bedarf einführende Erklärungen für dessen Gebrauch gibt.

Weitere Ideen
→ Bouldern an einer Boulderwand
→ Parkour in der offenen Turnhalle

Individuelle Bewegungszeiten

Es ist notwendig, den Schülern Freiräume für individuelle und weitgehend selbstbestimmte Bewegungaktivitäten im Unterricht zu gewähren[11]. Grundlegende Ziele individueller Bewegungszeiten sind dabei unter anderem:
→ *Bewegungbedürfnis befriedigen*
→ *Psychische Entlastung, Stressreduktion*
→ *Arbeitshaltung verändern, lotsitzame Haltungsmuster auflösen*

Bei der Ausgestaltung der Bewegungszeiten ist zu beachten, dass die Schüler individuelle Bewegungbedürfnisse haben, die zeitlich und inhaltlich voneinander abweichen können.

Praktische Umsetzung individueller Bewegungszeiten mit der Nintendo Wii*:
Aufgrund der hohen Affinität zu Computerspielen seitens der Berufsschüler[12] und dem umfangreichen Angebot an Übungen, stellt Klausien (2008) die Spielekonsole Nintendo Wii* als Möglichkeit zur praktischen Umsetzung individueller Bewegungszeiten vor.

Besonderheit der Nintendo Wii* ist, dass der Spieler im Vergleich zu herkömmlichen Spielekonsolen nicht passiv, sondern aktiv als Steuerungsinstanz fungiert indem seine Bewegungen durch Sensoren an die Konsole weitergeleitet werden[13].

Die Umsetzung kann praktisch in jeder Klasse erfolgen. Die Nintendo Wii* wird mit einem Fernseher in einer Ecke aufgestellt und kann von aktuell bewegungbedürftigen Schülern unter Einhaltung vorher vereinbarter Regeln individuell genutzt werden.

Beispiele[14]:

Yoga
Das Trainieren der richtigen Haltung und die damit verbundene Entspannung stehen hier im Vordergrund. Die Übungen werden von einem virtuellen Trainer dargestellt und vom Spieler nachgemacht.

Muskelübungen
Die Kräftigung verschiedener Muskelgruppen steht im Vordergrund. Nach der Erklärung durch einen virtuellen Trainer können die Spieler die Übungen nachmachen.

Aerobic
Die Schulung der Ausdauerfähigkeit und der koordinativen Fähigkeiten stehen im Vordergrund. Step-Aerobic und Hula-Hoop Übungen sorgen für ein ansprechendes Programm.

3. Bewegtes Schulleben

Mit dem bewegten Schulleben soll in Berufsschulen dazu beigetragen werden

→ einen Ausgleich zum Unterricht zu schaffen
→ einen Beitrag zur Förderung und Bewahrung der Schulfreude zu leisten
→ praktische Erfahrungen in dem Wirtschaftsleben zu sammeln

Als praktische Beispiele des bewegten Schullebens bieten sich folgende Möglichkeiten an:

Beispiel 1: Exkursion zu einem nahe gelegenen Fitnessstudio[19]

Fach: Wirtschaftslehre

Ziel: Einführung und Vertiefung in die Kundenakquisition, Kundenpflege & Kundenbindung

Umsetzung:

1. Die Schüler erarbeiten die theoretischen Inhalte zum Umgang mit Kunden.
2. Die Klasse unternimmt eine Exkursion zu einem nahegelegenen Fitnessstudio.
3. Nach Absprache mit dem Lehrer stellt der Leiter oder ein Angestellter des Fitnessstudios branchenspezifische Maßnahmen zur Kundengewinnung und -bindung vor.
4. Die Schüler gewinnen einen Eindruck aus der „Praxis" und können die Maßnahmen mit denen anderer Branchen oder mit der Theorie vergleichen.
5. Das Fitnessstudio profitiert, da die Berufsschüler potentielle Kunden darstellen und ein Rundgang durch das Fitnessstudio als Eigenwerbung genutzt werden kann.

Beispiel 2: Exkursion zu einem Ausbildungsbetrieb[20]

Lernfeld: Präsentation des eigenen Ausbildungsbetriebes

Ziel: Verinnerlichen der betrieblichen Abläufe und Strukturen

Umsetzung:

1. Ein Schüler stellt seinen eigenen Ausbildungsbetrieb in einem Referat vor.
2. Die Klasse unternimmt eine Exkursion zu dem Ausbildungsbetrieb des Schülers.
3. Nach Absprache mit dem Schüler und dem Lehrer stellt der Betreuer des Auszubildenden den Betrieb und dessen Abläufe und Strukturen vor.
4. Die Schüler können sich im Unternehmen bewegen. Waren anfassen und praktische Erfahrungen gewinnen (sie lernen u. a. mit dem „Bewegungssinn").
5. Dadurch können sie die Theorie besser verstehen und sowohl Unterschiede als auch Gemeinsamkeiten zum eigenen Betrieb feststellen.

4. Bewegte Freizeit/Bewegte Arbeitszeit

Bewegte Freizeit

Ein Hauptanliegen des Konzeptes der bewegten Schule ist es, die Schüler zum Bewegen in der Freizeit anzuregen[21].

Dies kann unter anderem gelingen, indem[22]:

→ Unterschiedliche Sportarbeitsgemeinschaften angeboten und betreut werden.
→ Zur Teilnahme an Sportwettkämpfen angeregt wird.
→ Spiel- und Sportfeste angeboten werden.
→ Anregungen für das Sporttreiben im Verein/im Fitnessstudio gegeben werden.

Bewegte Arbeitszeit

Der bewegten Arbeitszeit wird im Konzept der bewegten Berufsschule[23] eine besondere Bedeutung beigemessen, da Berufsschüler einen Großteil ihrer außerschulischen Zeit am Arbeitsplatz verbringen.

Eine bewegte Gestaltung der Arbeitszeit ist für die Gesundheit der Auszubildenden wie für die aller weiteren Akteure im Betrieb von großer Bedeutung und kann zudem zur Erfüllung unternehmerischer Ziele beitragen.

Der bewegte Betrieb

Das Konzept des bewegten Betriebes ist als Weiterführung des Konzeptes der bewegten Berufsschule zu verstehen, das den Fokus auf die praktische Ausgestaltung der Arbeitszeit legt. Es beschreibt einen bewegungsorientierten Betrieb und ist in folgende Bereiche unterteilt:

1. Bewegter Arbeitsplatz (mit Fokus auf den Büroarbeitsplatz)
2. Bewegte Pause/Bewegter Arbeitsweg
3. Bewegtes Arbeitsleben
4. Bewegte Freizeit

Das Konzept sieht vor, Sport und Bewegungsaktivitäten in die Bereiche Arbeitsplatz, Arbeitsleben, Pause/Arbeitsweg und Freizeit zu integrieren und beinhaltet Vorschläge zur praktischen Ausgestaltung der einzelnen Bereiche.

Hinweise:

- Basis dieses Leitfadens sind die Diplomarbeiten von See[24], Klausien[25] und Gutsch[26].
  Sie enthalten u. a.
  - o detailliertere Informationen zu den einzelnen Beispielen
  - o weitere Anregungen zur bewegten Ausgestaltung aller Bereiche der bewegten Berufsschule
  - o die kompletten Quellenangaben
  - o ausführliche Informationen über die Ausgestaltung der bewegten Arbeitszeit
- Auf die Verwendung von Anführungszeichen wurde aus Gründen der Übersichtlichkeit bewusst verzichtet.
- Geschlechtsbezogene Begriffe werden hier in ihrer männlichen Form verwendet; dies impliziert selbstverständlich auch die weibliche Form.

Die Grundlage (Teil I) dieses Leitfadens ist das Heft:

„Die bewegte Berufsschule – Leitfaden zur Legitimation "

Es enthält detailliertere Argumente für mehr Bewegung in Berufsschulen und zeigt auf, warum die bewegte Berufsschule ein geeignetes Instrument zur praktischen Umsetzung von Sport und Bewegungsaktivitäten in Berufsschulen ist.

Falls Sie an weiteren Informationen zum bewegten Betrieb interessiert sind, empfehlen wir Ihnen die Hefte:

„Der Bewegte Betrieb – Leitfaden zur Legitimation "

sowie

„Der Bewegte Betrieb – Leitfaden zur praktischen Umsetzung "

Wir hoffen, Ihr Interesse an der bewegten Berufsschule geweckt zu haben. Bei Fragen und Anregungen wenden Sie sich bitte an den Autor oder die Betreuerin der Diplomarbeit, Frau Prof. Dr. Christina Müller.

Tim Gutsch
tingutsch@gmx.de

Prof. Dr. Christina Müller (Leiterin des Fachgebiets Schulsport der Uni-Leipzig)
chrismue@rz.uni-leipzig.de

Quellen & Erklärungen

[1] Der Leitfaden richtet sich schwerpunktmäßig an Berufsschulen, ist aber für berufsbildende Schulen aller Art relevant

[2] Müller, C. & Petzold, R. (2006, S. 33 - 34)

[3] See, A. (2007, S. 59 - 61)

[4] Müller, C. & Petzold, R. (2006, S.41)

[5] See, A. (2007, S. 45)

[6] Müller, C. & Petzold, R. (2006, S. 84)

[7] Übungen und Bilder entnommen aus www.in-form.de

[8] Müller, C. & Petzold, R. (2006, S. 70)

[9] Jacobson, E. (2006, S. 10 - 31)

[10] Klausien, A. (2008, S. 63 - 65)

[11] Müller, C. & Petzold, R. (2006, S. 170)

[12] Klausien, A. (2008, S. 51)

[13] Klausien, A. (2008, S. 50 - 57)

[14] Klausien, A. (2008, S. 50 - 57), Bilder entnommen aus www.nintendo.de

[15] Müller, C. & Petzold, R. (2006, S. 180)

[16] Müller, C. & Petzold, R. (2006, S. 181)

[17] Müller, C. & Petzold, R. (2006, S. 181)

[18] Deutscher Sportbund (2005, S. 57)

[19] Klausien, A. (2008, S. 68 - 70)

[20] See, A. (2007, S. 57 - 59)

[21] Müller, C. & Petzold, R. (2006, S. 217)

[22] Müller, C. & Petzold, R. (2006, S. 217)

[23] Konzept nach See, A. (2007, S. 59 - 61)

[24] See, A. (2007)

[25] Klausien, A. (2008)

[26] Gutsch, T. (2009)

Anhang C

Der bewegte Betrieb

Leitfaden
zur Legitimation

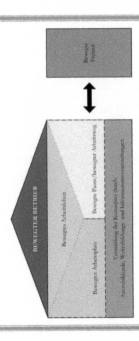

Einführung

Anliegen

- Hauptanliegen dieses Leitfadens ist es, das Konzept des bewegten Betriebes mit seinem gesundheitlichen und ökonomischen Nutzen vorzustellen.

- Um die Bedeutung der Gesundheitsförderung für Ihren Betrieb zu veranschaulichen, werden Argumente aufgeführt, die den Nutzen betrieblichen Gesundheitsmanagements (BGM) empirisch belegen.

- Geeignetes Instrument zur Umsetzung des BGM ist das Konzept des bewegten Betriebes, da es in der Lage ist, alle aufgeführten Argumente in der Praxis zu realisieren.

Zielgruppe

- Der Leitfaden richtet sich an alle Akteure Ihres Betriebes. Dazu gehören u.a:
  - Führungskräfte
  - Personalverantwortliche
  - Angestellte
  - Auszubildende

Aufbau des Leitfadens

- Der Leitfaden besteht aus acht Argumenten, die nicht isoliert zu betrachten sind, sondern sich gegenseitig bedingen und verstärken.

- Zu jedem der Argumente verdeutlicht eine Infobox, in welchem Bereich des bewegten Betriebes Maßnahmen zur praktischen Umsetzung erfolgen.

- Der bewegte Betrieb besteht aus den Bereichen

  1. **Bewegter Arbeitsplatz**
     - Ergonomische Arbeitsplatzgestaltung
     - Bewegungsförderung am Arbeitsplatz
     - Dynamisches Sitzen

  2. **Bewegte Pause/Bewegter Arbeitsweg**

  3. **Bewegtes Arbeitsleben**
     - Betriebliche Sportgruppe, Betriebsausflüge

  4. **Bewegte Freizeit**
     - Anregungen zum Sporttreiben in der Freizeit

Argument 1:

Reduktion von Fehlzeiten

Die Reduktion von Fehlzeiten gehört für die Unternehmen mit 81% zu einem der wichtigsten Gründe, betriebliches Gesundheitsmanagement (BGM) durchzuführen[1].

Vielfältige Bekämpfung der Ursachen für Fehlzeiten

Betriebliche Fehlzeiten lassen sich auf eine Reihe von Ursachen zurückführen.

→ BGM ist in der Lage, den Ursachen für Fehlzeiten auf verschiedenen Ebenen erfolgreich zu begegnen. Hierzu gehören:

- o die Bekämpfung der physischen Ursachen für Fehlzeiten
- o die Bekämpfung der psychischen Ursachen für Fehlzeiten
- o die Bekämpfung der motivationsbedingten Fehlzeiten
- o die Bekämpfung der vom Arbeitsplatz unabhängigen Fehlzeiten

Sinkende Kosten durch Reduktion von Fehlzeiten

Fehlzeiten verursachen enorme Kosten für die Betriebe, die sich für den Arbeitgeber pro Tag und Mitarbeiter auf 200 bis 400 Euro verlaufen[2].

→ Unternehmen, die BGM praktizieren, konnten ihre krankheitsbedingten Fehlzeiten um 27% verringern[3].

→ Es wurde eine Senkung der direkten Kosten erreicht, die durch Entgeltfortzahlung im Krankheitsfall entstehen.

→ Es wurde eine Senkung der indirekten Kosten erreicht, die durch einen erhöhten Planungs- und Organisationsaufwand entstehen.

Was kann der bewegte Betrieb leisten?

Bewegter Betrieb generell:
- steuert Fehlzeiten nicht nur punktuell entgegen, sondern ist ganzheitlich ausgelegt
- setzt an allen aufgezeigten Ursachen an, um die Fehlzeiten zu senken
- trägt durch die vielseitige Bekämpfung der Fehlzeiten erheblich zur Senkung der direkten und indirekten Kosten bei

Argument 2:

Vorbeugen und Reduktion arbeitsbedingter körperlicher Belastungen

Trotz des Trends von einer Industriegesellschaft hin zu einer Dienstleistungsgesellschaft sind Arbeitsplätze mit körperlich anstrengenden und belastenden Arbeitsbedingungen nach wie vor weit verbreitet[4].

Reduktion physisch bedingter Fehlzeiten

Im Bereich der physisch bedingten Fehlzeiten sind die Krankheiten des Muskel-Skelett-Systems am häufigsten vertreten[5].

→ BGM hilft nachweislich, die Anzahl der Muskel-Skelett-Erkrankungen zu senken[6].

Nach den Muskel-Skelett-Erkrankungen sind Herzkreislauferkrankungen die häufigste Ursache für physisch bedingte Arbeitsunfähigkeitstage[7].

→ BGM bewirkt eine Verringerung der Anzahl der Herzkreislauferkrankungen[8].

Senkung der Frühverrentungskosten

Die Verschiebung der Altersstruktur der Belegschaft ist eines der Hauptmotive für Betriebe, Gesundheitsmanagement einzuführen[9].

→ BGM bewirkt einen Rückgang der Frühverrentungen durch Muskel-Skelett- sowie Herz-Kreislauf-Erkrankungen[10].

Was kann der bewegte Betrieb leisten?

Bewegter Arbeitsplatz
- Ergonomische Arbeitsplatzgestaltung → Verbesserung der Haltung am Arbeitsplatz
- Bewegungsförderung am Arbeitsplatz → Kräftigung der belasteten Muskulatur
- Dynamisches Sitzen → Entlastung des Rückens und der Muskeln

Bewegte Pause/Bewegter Arbeitsweg
- Bewegte Gestaltung von Pause und Arbeitsweg

Bewegtes Arbeitsleben
- Betriebssportgruppen, Betriebsausflüge

Argument 3:

Vorbeugung und Reduktion arbeitsbedingter psychischer Belastungen

In den vergangenen zehn Jahren hat es eine Verschiebung von den klassischen körperlichen Erkrankungsgefahren hin zu einer gestiegenen geistigen Belastung für die Arbeitnehmer gegeben[11].

Reduktion psychisch bedingter Fehlzeiten

Rund 10 Prozent der Produktionsausfälle lassen sich auf psychisch bedingte Fehlzeiten zurückführen. Die Zunahme der psychischen Erkrankungen als Ursache von Arbeitsunfähigkeit ist seit Jahren ungebrochen[12].

→ BGM ist in der Lage, die psychisch bedingten Fehlzeiten zu senken, indem Auslöser wie Konflikte, Bewegungsmangel, fehlende Erholung, Zeitdruck und geringer Handlungsspielraum vermieden bzw. bekämpft werden.

Steigerung des Wohlbefindens

Ein positives Wohlbefinden ist eine Grundvoraussetzung, damit der Arbeitnehmer sein volles Leistungspotenzial abrufen kann[13].

→ Sport im Betrieb und Freizeit wirken psychischen Belastungen entgegen, indem sie Stress abbauen und zur Steigerung des Wohlbefindens beitragen[14].

Was kann der bewegte Betrieb leisten?

Bewegter Arbeitsplatz
- Mehr Bewegung und gesundes Sitzen am Arbeitsplatz → Stressvermeidung

Bewegte Pause
- Hinweise zur Stressbewältigung/zum Pausengestaltung

Bewegtes Arbeitsleben
- Gemeinsame Sportaktivitäten und Betriebsausflüge → besseres Teamklima
- Gesundheitskompetenz der Mitarbeiter → Besseres Stressmanagement

Bewegte Freizeit
- Anregungen für Sportarten, die u. a. zur Stressbewältigung geeignet sind

Argument 4:

Produktivitätssteigerung

Über 50% der Betriebe einer Studie des AOK-Bundesverbandes schätzen den Nutzen des BGM in Bezug auf die Produktivität der Mitarbeiter als „hoch" bzw. „sehr hoch" ein[15].

Verbesserung des Produktionsfaktors Arbeit

Etwa 70% des Sozialproduktes in den ökonomisch hoch entwickelten Ländern beruht auf menschlicher Arbeitskraft[16].

→ BGM ist in der Lage, den Produktionsfaktor Arbeit zu verbessern, indem die geistige Leistungsfähigkeit und die Belastbarkeit der Mitarbeiter erhöht[17], und die Fehlzeiten gesenkt werden.

Verbesserung des Produktionsergebnisses

Neben dem Produktionsfaktor Arbeit ist das Produktionsergebnis maßgeblich für die Produktivität eines Unternehmens verantwortlich[18].

→ BGM führt bei knapp einem Drittel der befragten Unternehmen des AOK-Bundesverbandes zu Produktverbesserungen und Qualitätssteigerung und bei ca. 35% zu einer geringeren Ausschuss- und Fehlerquote[19].

Was kann der bewegte Betrieb leisten?

Bewegter Betrieb generell
- Vermeidung längerer Fehlzeiten → Erhaltung der Produktivität

Bewegter Arbeitsplatz
- Ergonomische Arbeitsplatzgestaltung → Beibehaltung der Leistungsfähigkeit
- Tipps für einen bewegten Arbeitsplatz → Senkung der Fehlzeiten
- Dynamisches Sitzen → Steigerung des Wohlbefindens

Bewegte Pause/Freizeitend
- Gemeinsame Sportaktivitäten → Verbesserung des Teamklimas/der Motivation

Bewegtes Arbeitsleben
- Betriebssportgruppen → Verbesserung des Teamklimas/der Motivation

Motivationssteigerung

Die Motivation gibt an, inwieweit ein Mitarbeiter bereit ist, dem Unternehmen sein Leistungsvermögen zur Verfügung zu stellen[20]. Mehr Motivation der Mitarbeiter bedeutet also: Größeres Leistungsvermögen für das Unternehmen.

Motivationsbedingte Produktivitätssteigerung

Durch eine verstärkte Motivation verbessert sich die Produktivität der Mitarbeiter[21].

→ Durch Maßnahmen des BGM konnte eine erhebliche Motivations- und Zufriedenheitssteigerung bei den Beschäftigten erzielt werden, die zu Qualitätsverbesserungen bei Produkten und Dienstleistungen führte[22].

Reduktion der motivationsbedingten Fehlzeiten

Der Anteil der motivationsbedingten Fehlzeiten liegt bei ca. einem Drittel der gemeldeten Arbeitsunfähigkeitsfälle[23].

→ Durch Betriebsausflüge oder Betriebssportgruppen werden soziale Kontakte vertieft, das Teamklima verbessert und dadurch die Motivation der Mitarbeiter gesteigert.

Was kann der bewegte Betrieb leisten?

Bewegter Arbeitsplatz
- ergonomische Maßnahmen und gesundheitsfördernde Übungen
→ Steigerung des Wohlbefindens → gesteigerte Wertschätzung des Arbeitsplatzes

Bewegte Pause/Arbeitsweg
- Übungen zur Stressbewältigung → gesteigertes Wohlbefinden

Bewegtes Arbeitsleben
- Betriebssportgruppen
→ verbessertes Teamklima
→ Entstehung sozialer Kontakte
→ Konfliktlösung außerhalb des Arbeitsplatzes
- Betriebsausflüge
→ gemeinsame Abenteuer → Stärkung des gegenseitigen Vertrauens

---

Verbesserungen auf sozialer Ebene

Ein wichtiger Erfolgsfaktor der betrieblichen Gesundheitsförderung sind die positiven Veränderungen bezüglich der Kooperation und Kommunikation der Mitarbeiter[24].

Verbesserung des Teamklimas

Das Teamklima im Unternehmen beeinflusst maßgeblich die Arbeitsleistung der Mitarbeiter[25].

→ Durch Maßnahmen wie Betriebssportgruppen und Betriebsausflüge ist BGM in der Lage, gemeinsame Gruppenerlebnisse zu generieren, die zu einem ausgeprägten Gemeinschaftscharakter führen und somit das Teamklima verbessern.

→ Soziale Kontakte entstehen und Unstimmigkeiten können außerhalb der Arbeitszeit und frei von betrieblichen Hierarchien geklärt werden[26].

Verbesserung der Sozialkompetenz der Mitarbeiter

Eine gut ausgebildete Sozialkompetenz ist Grundvoraussetzung für erfolgreiches Teamwork und das Arbeiten mit dem Kunden[27].

→ Durch Gruppenmaßnahmen des BGM werden Kontakte geknüpft und intensiviert sowie der Umgang mit Spannungen und Rivalitäten geübt.

→ Insbesondere im Dienstleistungsbereich wird durch bessere kommunikative Prozesse zwischen Kunde und Berater aufgrund der gestiegenen Sozialkompetenz eine höhere Produkt- und Servicequalität erzielt[28].

Was kann der bewegte Betrieb leisten?

Bewegtes Arbeitsleben
- Betriebssportgruppen, Betriebsausflüge:
→ gemeinsames Gruppenerlebnis → „Wir-Gefühl"
→ Kontakte werden zwischen Mitarbeitern aller Hierarchieebenen geknüpft
→ Freundschaften werden intensiviert
→ innerbetriebliche Netzwerke entstehen
→ Konflikte werden im außerbetrieblichen Kontext ausgetragen

Argument 8:

Imageverbesserung des Unternehmens

Ein attraktives Unternehmensimage steigert die Chancen im Wettbewerb um Fachkräfte und trägt dazu bei, die Fluktuationsrate zu senken.

Vorteile im Wettbewerb um Fachkräfte

Betriebliche Gesundheitsleistungen gewinnen nicht nur bei den Arbeitgebern, sondern auch bei den Arbeitnehmern zunehmend an Bedeutung.

→ 69% der Unternehmen haben der These zugestimmt, dass BGM hilft, „top-performing employees" zu halten und zu rekrutieren[50].

Senkung der Fluktuationsrate

Fort- und Weiterbildungsmaßnahmen sind mit hohen Kosten für die Unternehmen verbunden. Es liegt daher im Interesse der Unternehmen, gut ausgebildete Mitarbeiter möglichst lange zu binden.

→ Durch eine gesteigerte Attraktivität können Unternehmen die Fluktuationsrate ihrer Beschäftigten senken, indem sie in die Gesundheit ihrer Mitarbeiter investieren[51].

Was kann der bewegte Betrieb leisten?

Bewegter Betrieb generell
- gesteigerte Attraktivität des Unternehmens durch Gesundheitsförderung

Bewegter Arbeitsplatz
- gesunde Arbeitsplatzgestaltung und Bewegungsförderung am Arbeitsplatz
→ Steigerung des Wohlbefindens → gesteigerte Attraktivität des Unternehmens

Bewegte Pause
- bewegte Gestaltung von Pause und Arbeitsweg → gesteigerte Wohlbefinden

Bewegtes Abteilden
- gemeinsame Sportaktivitäten, Betriebsausflüge
→ gesteigertes „Wir-Gefühl"
→ verbessertes Teamklima

Argument 7:

Aufbau einer persönlichen Gesundheitskompetenz

Wichtiger als der regelmäßige Besuch eines Betriebsarztes ist es, den Aufbau einer Gesundheitskompetenz der Mitarbeiter zu fördern, die sie dazu befähigt, ihre eigenen Belastungen zu erkennen, und diesen gezielt entgegenzuwirken.

Vermittlung der Fähigkeit zum selbstgesteuerten BGM

BGM hat das Ziel, den Mitarbeitern ein höheres Maß an Selbstbestimmung über ihre Gesundheit zu ermöglichen und sie damit zur Stärkung ihrer Gesundheit zu befähigen[29].

→ Korrekt ausgeführt kann BGM helfen, die Mitarbeiter mit Kompetenzen auszustatten, die sie befähigen, ihre eigene Gesundheit zu reflektieren und die zu ihrer Förderung und Erhaltung notwendigen Maßnahmen zu ergreifen.

Rückgang der arbeitsplatzunabhängigen Ursachen für Fehlzeiten

Fehlzeiten resultieren häufig aus Ursachen, die ihren Ursprung nicht am Arbeitsplatz haben, jedoch vermeidbar sind.

→ Mithilfe der im Betrieb erworbenen Gesundheitskompetenz können die Mitarbeiter ihr Wissen über Belastungen und Maßnahmen ihrer Bekämpfung ins Privatleben tragen, um ihren Gesundheitszustand zu verbessern.

Was kann der bewegte Betrieb leisten?

Bewegter Betrieb generell
- Die Ausübung der verschiedenen Maßnahmen führt zu einer Gesundheitskompetenz bei den Mitarbeitern

Bewegter Arbeitsplatz
- Befähigung zur selbstständigen Ergreifung gesundheitsfördernder Maßnahmen

Bewegte Freizeit
- Anregungen zum Sporttreiben in der Freizeit
- Übertragung des Gelernten in die Freizeit/in das Privatleben
→ Befähigung zur ergonomischen Gestaltung des privaten Arbeitsplatzes
→ Befähigung zur eigenständigen Stressbewältigung

Sonstiges

- Basis dieses Leitfadens ist die Diplomarbeit „Das pädagogische Konzept der bewegten Schule – Modifikation für Berufsschule und Betrieb einschließlich der Entwicklung von Leitfäden."
  Sie enthält:
  - detailliertere Informationen bezüglich der einzelnen Argumente
  - die kompletten Quellenangaben
- Auf die Verwendung von Anführungszeichen wurde aus Gründen der Übersichtlichkeit bewusst verzichtet
- Geschlechtsbezogene Begriffe werden hier in ihrer männlichen Form verwendet; dies impliziert selbstverständlich auch die weibliche Form.

Die Fortsetzung (Teil II) dieses Leitfadens ist das Heft:

„Der bewegte Betrieb - Leitfaden zur praktischen Umsetzung"

Es enthält Vorschläge und Anregungen zur praktischen Ausgestaltung aller Bereiche des bewegten Betriebes.

Wir hoffen, Ihr Interesse an dem Konzept des bewegten Betriebes geweckt zu haben. Bei Fragen und Anregungen wenden Sie sich bitte an den Autor oder die Betreuerin der Diplomarbeit, Frau Prof. Dr. Christina Müller.

Tim Gutsch
timgutsch@gmx.de

Prof. Dr. Christina Müller (Leiterin des Fachgebiets Schulsport der Uni-Leipzig)
chrismue@rz.uni-leipzig.de

Quellen

[1] AOK Bundesverband (2004, S. 2)

[2] Personal Magazin (April 2002, S. 28)

[3] Kramer, I. & Sockoll, I. & Bödeker, W. (2009, S. 72)

[4] EU-Osha (2001, S. 15)

[5] Bericht der Bundesregierung (2006, S. 29)

[6] AOK-Bundesverbandes (2007, S. 29)

[7] Bericht der Bundesregierung (2006, S. 29)

[8] Meifert, M. T. & Kesting, M. (2004, S. 174)

[9] „Health Benefits-Studie" von Mercer (2008)

[10] Sporrer, S. (2004, S. 45)

[11] Bieneck, H. J. (2000) zitiert aus Böhnke, E. (2005, S. 1)

[12] BKK-Bundesverband (2008, S. 74)

[13] World Health Organization (2006)

[14] Sydänmaanlakka, P. & Antell, M. (2000, S. 42)

[15] AOK-Bundesverband (2007, S. 34)

[16] Neofiodow, L. A. (1996, S. 128)

[17] Gröben, F. (2001, S. 51)

[18] Brockhaus (2002)

[19] AOK-Bundesverband (2004, S. 34)

[20] Sporrer, S. (2004, S. 33)

[21] AOK-Bundesverband (2007, S. 46)

[22] AOK-Bundesverband (2007, S. 39)

[23] Schwenderin, J. (1997, S. 111)

[24] Lück, P. & Eberle, G. & Bonitz, D. (2009, S. 80)

[25] Badura, B. (2009, S. 106)

[26] Jancik, J. M. (2002, S. 94)

[27] AOK-Bundesverband (2007, S. 39)

[28] AOK-Bundesverband (2007, S. 39)

[29] Ottawa-Charta der WHO (1986)

[30] Mercer-Studie (2007, S. 3)

[31] Badura, B. (2009, S. 2)

Anhang D

Einführung

Anliegen

- Hauptanliegen dieses Leitfadens ist es, Ihren Betrieb bewegter zu gestalten. Zu diesem Zweck stellt dieser Leitfaden Maßnahmen vor, die als Anregungen zur bewegten Gestaltung der einzelnen Bereiche Ihres Betriebes zu verstehen sind.
- Die Maßnahmen sollen als Impulse dienen, die Ihnen Möglichkeiten aufzeigt, wie Bewegung in Ihrem Betrieb praktisch umgesetzt werden kann.

Zielgruppe

- Der Leitfaden richtet sich an alle Akteure Ihres Betriebes. Dazu gehören u. a.:
  - Führungskräfte
  - Personalverantwortliche
  - Angestellte
  - Auszubildende

Aufbau des Leitfadens

- Der Leitfaden und dessen Aufbau orientieren sich am Konzept des bewegten Betriebes.
- Dieses Konzept beschreibt einen bewegungsorientierten Betrieb und ist in folgende Bereiche unterteilt:
  1. **Bewegter Arbeitsplatz** (mit Fokus auf den Büroarbeitsplatz)
  2. **Bewegte Pause/Bewegter Arbeitsweg**
  3. **Bewegtes Arbeitsleben**
  4. **Bewegte Freizeit**

Sonstiges

- Bei der Zusammenstellung der Maßnahmen wurde großer Wert auf zeitliche Kompaktheit bei der Durchführung gelegt.
  - Die Uhr neben den Maßnahmen verdeutlicht die durchschnittliche Durchführungsdauer.
  - Die Maßnahmen sind schnell umsetzbar. Nehmen Sie sich die Zeit.

Der bewegte Betrieb

Leitfaden zur praktischen Umsetzung

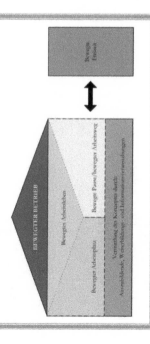

BEWEGTER BETRIEB

Bewegtes Arbeitsleben

Bewegter Arbeitsplatz

Bewegte Pause/bewegter Arbeitsweg

Bewegte Freizeit

Vermittlung des Konzeptes durch:
Aus-/Fortbildende, Weiterbildungs- und Informationsveranstaltungen

1. Bewegter Arbeitsplatz

Ergonomische Arbeitsplatzgestaltung[1]

Büroarbeit wird überwiegend im Sitzen erledigt – in der Regel über längere Zeiträume. Eine schlechte Abstimmung von Arbeitsplatz, Arbeitsmitteln (speziell Bildschirmgeräten) und Bürostuhl kann zu ungesunden Körperhaltungen und langfristigen Schäden führen.

Richten Sie Ihren Arbeitsplatz ergonomisch ein.

1. Die oberste Bildschirmzeile sollte leicht unterhalb der waagerechten Sehachse liegen.
2. Tastatur und Maus befinden sich in einer Ebene mit Ellenbogen und Handflächen.
3. 90° Winkel zwischen Ober- und Unterarm sowie Ober- und Unterschenkel.
4. Für den Monitor gilt ein Sichtabstand von mindestens 50 cm.
5. Die Füße benötigen eine feste Auflage. Nutzen Sie gegebenenfalls einen Fußhocker.

Dynamisches Sitzen

Dauerhaftes und statisches Sitzen belastet Ihren Rücken und Ihre Muskeln. Wirken Sie diesen Belastungen entgegen, indem Sie häufig unterschiedliche Sitz- und Arbeitsposition einnehmen.

Variieren Sie u. a. zwischen folgenden Sitzhaltungen:

1. **Hintere Sitzhaltung** – lässt sich gut beim Zuhören oder Telefonieren realisieren
2. **Mittlere Sitzhaltung** – ideale Sitzhaltung beim Arbeiten mit dem Computer
3. **Vordere Sitzhaltung** – gut geeignet bei der Ausübung handschriftlicher Tätigkeiten

---

Auflockerungsminuten am Arbeitsplatz[2]

Konstantes Sitzen schränkt Wohlbefinden und Gesundheit ein. Mit kleinen Übungen sollte die Haltung, Stellung und Position des Körpers regelmäßig verändert werden. So können Muskelermüdung und -verspannung vermieden werden.

Wiederholen Sie jede der Übungen bitte fünfmal hintereinander.

1. Übung für die Halswirbelsäule

Die Hände entspannt auf die Oberschenkel legen.

1. Kopf nach rechts drehen und das Kinn anheben – einatmen
2. Kopf geradeaus und nach vorne beugen – ausatmen
3. Kopf nach links drehen und das Kinn anheben – einatmen

2. Übung für den Schultergürtel

Die Arme hängen lassen und die Hände entspannt auf die Oberschenkel legen.

1. Schultern nach vorne nehmen
2. Schultern anheben und nach hinten bewegen – einatmen
3. Schultern fallen lassen – ausatmen

3. Übung für Schultergürtel und Brustwirbelsäule

Die Arme neben den Oberschenkeln hängen lassen.

1. Schultern nach vorne fallen lassen. Dabei die Daumen nach innen drehen – ausatmen
2. Schultern nach hinten nehmen und die Daumen dabei nach außen drehen – einatmen
3. Schultern nach vorne fallen lassen. Dabei die Daumen nach innen drehen – ausatmen

2. Bewegte Pause/Bewegter Arbeitsweg

Anregungen für mehr Bewegung in den Pausen

Nutzen Sie die Pausen für einen kurzen Spaziergang, möglichst in der Natur.

→ Bewegung verbraucht Kalorien.

→ Bewegung wirkt gegen Stress.

→ Frische Luft macht den Kopf frei.

Nutzen Sie Pausen zur Stressbewältigung.

Für die Erholung von der Arbeit sind drei Phasen zu beachten[4]:

1. Distanzierungsphase:

   → Gewinnen Sie Abstand von der Arbeit und Ihren Belastungen. Dies kann physisch (durch Gehen) oder kognitiv (z. B. mit einem Kreuzworträtsel) geschehen.

2. Regenerationsphase:

   → Entspannen Sie Ihre Muskeln, ordnen Sie Ihre Gedanken neu und versuchen Sie, eine emotionale Ausgeglichenheit und innere Ruhe zu erreichen.

3. Orientierungsphase:

   → Die Regenerationsphase sollte nicht abrupt beendet werden. Es ist sinnvoll, Körper und Seele wieder langsam auf die neue Arbeitsbelastung vorzubereiten.

Tipps für mehr Bewegung beim Arbeitsweg[5]

→ Fahren Sie - wenn möglich - mit dem Fahrrad zur Arbeit.

→ Verzichten Sie auf Ihrem Arbeitsweg auf die Nutzung von Rolltreppen.

→ Wenn Sie das Auto benutzen, dann parken Sie einige Straßen entfernt vom Büro und gehen den Rest zu Fuß.

→ Steigen Sie aus den öffentlichen Verkehrsmitteln eine Haltestelle vor Ihrer Zielhaltestelle aus.

→ Benutzen Sie die Treppe anstelle des Fahrstuhls.

→ Gehen Sie bei Bedarf einmal um den Block, bevor Sie mit der Arbeit beginnen.

---

4. Übung für die Lendenwirbelsäule

Sie sitzen gerade auf Ihrem Stuhl.

1. Hände hinter dem Rücken übereinander legen

2. Hände durch Anspannung der Bauch- und Gesäßmuskeln mit dem Körper gegen die Lehne drücken – einatmen

3. Muskeln entspannen und den Druck lösen – ausatmen

5. Übung für Arme, Hände und Finger

Die Arme lang nach vorne strecken.

1. Finger weit auseinander spreizen

2. Hände zu einer Faust schließen

3. Finger weit auseinander spreizen

4. Während dieser Bewegung die Arme abwechselnd heben und senken

Weitere Tipps für einen bewegten Arbeitsplatz[3]

→ Entfernen Sie am Arbeitsplatz gelegentlich Gebrauchtes aus Ihrer unmittelbaren Umgebung. Stellen Sie beispielsweise Aktenordner oder Ihren Tacker einige Meter von Ihrem Schreibtisch entfernt, oder bei dem Schreibtisch eines Kollegen auf.

→ Sitzen Sie dynamisch. Verlagern Sie häufiger Ihr Gewicht und verändern Sie Ihre Sitzposition. Jede noch so kleine Bewegung entlastet die Bandscheiben.

→ Nutzen Sie Stehpulte für alles, was kein Sitzen erforderlich macht.

→ Im Stehen oder Gehen denkt es sich besser. Kurze Besprechungen, Post lesen und Telefonieren daher möglichst stehend oder gehend erledigen.

→ Erledigen Sie in Ihrer Firma nicht alles per Mail oder Telefon, sondern gehen Sie ab und zu lieber persönlich bei den Kollegen vorbei.

3. Bewegtes Arbeitsleben

Betriebliche Sportgruppe

Vorteile:

↑ Es entsteht ein gemeinsames Gruppenerlebnis, das als Basis für einen ausgeprägten Gemeinschaftscharakter dienen kann.

↑ Neben der sportlichen Betätigung steht zumeist die Geselligkeit im Mittelpunkt des Interesses.

↑ Das Teamklima verbessert sich.

↑ Soziale Kontakte entstehen.

↑ Unstimmigkeiten können außerhalb der Arbeitszeit und vor allem frei von betrieblichen Hierarchien ausgetragen und verarbeitet werden.

Ideen

↑ Regen Sie betriebliche Lauf-, Wander- oder Walkinggruppen an.

　○ Engagieren Sie sich selbst oder fragen Sie ihre Kollegen und Mitarbeiter, ob sich jemand für die Leitung der Gruppe zur Verfügung stellt.

　○ Achten Sie darauf, dass es verschiedene, nach Tempo gestaffelte Laufgruppen gibt. Denn es ist frustrierend, ständig hinterherzulaufen.

↑ Erkundigen Sie sich nach Möglichkeiten, eine Sporthallefür gemeinsames Sporttreiben zu mieten.

　○ Sporthallen zu mieten ist in den meisten Fällen einfacher, als man denkt. Wenden Sie sich an jeweilige Stadtverwaltung und fragen Sie nach.

　○ Ist die Sporthalle gemietet, eignet Sie sich in den meisten Fällen zur Ausübung vieler Sportarten. Variieren Sie bei Interesse.

Betriebsausflüge[6]

Nach einiger Zeit wird jede Arbeit zum Alltag. Täglich der gleiche Weg zur Arbeitsstelle, die gleichen Aufgaben und die gleichen Mitarbeiter. Monotonie kann schnell dazu führen, dass die Mitarbeitermotivation und das Betriebsklima sinken.

↑ Betriebsausflüge bringen Leben in den Betriebsalltag aller Mitarbeiter.

↑ Gemeinsame Erfahrungen fernab der Arbeitsstelle machen das Miteinanderauskommen oft einfacher und bringen mehr Abwechslung in den Alltag.

↑ Betriebsausflüge bieten auch im Nachhinein Gesprächsstoff zwischen den Angestellten, gemeinsame Erinnerungen und evtuell auch Gründe, um gemeinsam zu lachen.

Anregungen:

Ruhige Aktivitäten

↑ gemeinsame Wanderung

↑ entspanntes Zusammensitzen fernab der Arbeit

↑ Golf-Schnupperkurs

↑ Weinseminar

Abenteuerliche Aktivitäten

↑ Rafing Tour

↑ Gleitschirm Schnupperkurs

↑ Kletterparcours im Hochseilgarten

↑ Baggerfahren

↑ Bunjee Jumping

4. Bewegte Freizeit

Wer den ganzen Tag am Schreibtisch verbringt, sollte sich zum Ausgleich in der Freizeit bewegen. Dabei kann der Arbeitgeber helfen, indem er Mitgliedschaften in Vereinen und Fitnessstudios finanziell unterstützt.

Die folgende Übersicht liefert Anregungen für Sportarten, die sich leicht in den Alltag integrieren lassen und sowohl alleine, als auch in einer Gruppe ausgeführt werden können.

Aerobic

↑ abwechslungsreiches, ganzkörperliches Ausdauertraining

↑ effektive Kombination aus Laufen, Springen sowie Dehn- und Kräftigungsübungen

↑ trägt zu einer Verbesserung der körperlichen Leistungsfähigkeit und zur Kräftigung zahlreicher Muskelgruppen bei

↑ bewirkt eine Gewichtsabnahme, eine verbesserte Stresstoleranz in Alltag und Beruf sowie einen Anstieg des allgemeinen Wohlbefindens

↑ ist sehr facettenreich (z. B. Step-Aerobic, Stretching etc.) und daher prinzipiell für jeden geeignet, der gerne in der Gruppe und bei Musik Sport treibt

Radfahren

↑ fördert die Ausdauer

↑ ist gut in den Alltag integrierbar

↑ Hinweise:

- Zur Vermeidung von Überbelastungen: kleine Gänge bei hoher Trittfrequenz

- Achten Sie auf die optimale Einstellung des Rades bzw. Abstimmung von Rahmengröße, Sattelhöhe und Sitzposition.

- Grundsätzlich sollten Sie das ganze Jahr über regelmäßig Fahrrad fahren, wenn möglich zwei bis dreimal pro Woche. So können sich die Gelenke und das Herz-Kreislauf-System langsam und kontinuierlich auf die Belastung einstellen.

Schwimmen

↑ kräftigt die Muskulatur, vor allem die Rückenmuskulatur.

↑ die Wärmewirkung des Wassers unterstützt die Lockerung der Muskeln und das Lösen von Verspannungen

↑ Bewegungen werden im Wasser im Vergleich zum Land bei gleichem Krafteinsatz langsamer ausgeführt; Überbelastungen werden vermieden.

↑ Sie sollten nur so schnell schwimmen, dass Sie sich dabei stets wohl fühlen. Ziehen Sie Ihre Bahnen gleichmäßig und zügig.

↑ Zur Steigerung Ihrer Ausdauer ist es besser, lange Strecken langsam, als kurze Strecken schnell zu schwimmen. In den Wochenplan sollten mindestens zwei Schwimmtage aufgenommen werden.

Walking

↑ schnelles, sportliches "Marschieren" mit besonders betontem Armeinsatz, das heißt mit bewusstem Schwingen der angewinkelten Arme in Gehrichtung.

↑ fördert die Ausdauer, schont die Gelenke und das Herz-Kreislauf-System.

↑ Vor allem für ältere Menschen, Übergewichtige und sportlichen Neueinsteiger stellt Walking einen optimalen Einstieg in das Ausdauertraining dar.

↑ Überforderungen des aktiven und passiven Bewegungsapparates können vermieden, überflüssige Pfunde gefahrlos und fast nebenbei abtrainiert werden.

↑ Eine moderne und noch effektivere Variante des Walkings ist das Nordic Walking, bei dem zusätzlich Stöcke – ähnlich dem Skilanglauf – eingesetzt werden.

Weitere geeignete Bewegungsaktivitäten

↑ Kraftsport

↑ Yoga

↑ Pilates

↑ Windsurfen

↑ Klettern

↑ Golf

Quellen

[1] Entnommen aus http://www.bitkom.org
[2] Entnommen aus www.in-form.de
[3] Entnommen aus www.inqa.de
[4] Allmer (1996, S. 62)
[5] Entnommen aus www.inqa.de
[6] Mehr Infos unter www.betriebsausflug.net
[7] Entnommen aus www.in-form.de

Hinweise:

- Basis dieses Leitfadens ist die Diplomarbeit „Das pädagogische Konzept der bewegten Schule – Modifikation für Berufsschule und Betrieb einschließlich der Entwicklung von Leitfäden."
- Sie enthält:
  - detaillierte Zusammenhänge der Maßnahmen
  - die kompletten Quellenangaben
- Auf die Verwendung von Ausführungszeichen wurde aus Übersichtlichkeitsgründen bewusst verzichtet.
- Geschlechtsbezogene Begriffe werden hier in ihrer männlichen Form verwendet; dies impliziert selbstverständlich auch die weibliche Form.

Die Grundlage (Teil I) dieses Leitfadens ist das Heft

„Der bewegte Betrieb – Leitfaden zur Legitimation"

Es stellt die gesundheitlichen und ökonomischen Nutzenaspekte von Bewegung vor und zeigt auf, in welchem der einzelnen Bereiche des bewegten Betriebes Betriebes Maßnahmen zur praktischen Umsetzung ergriffen werden.

Wir hoffen, Ihr Interesse an dem bewegten Betrieb geweckt zu haben. Bei Fragen und Anregungen werden Sie sich bitte an den Autor oder die Betreuerin der Diplomarbeit, Frau Prof. Dr. Christina Müller.

Tim Gutsch
timgutsch@gmx.de

Prof. Dr. Christina Müller (Leiterin des Fachgebiets Schulsport der Uni-Leipzig)
chrismue@rz.uni-leipzig.de

Lightning Source UK Ltd.
Milton Keynes UK
UKHW01f1904041018

330026UK00001B/202/P